汉语"就""便""即"的语法化研究

窦焕新 著

哈尔滨工业大学出版社

图书在版编目（CIP）数据

汉语"就""便""即"的语法化研究／窦焕新著．
—哈尔滨：哈尔滨工业大学出版社，2024.6. — ISBN 978-7-5767-1487-6

Ⅰ．H146

中国国家版本馆 CIP 数据核字第 2024FL3559 号

策划编辑　闻　竹
责任编辑　马　媛
封面设计　博鑫设计
出版发行　哈尔滨工业大学出版社
社　　址　哈尔滨市南岗区复华四道街 10 号　邮编 150006
传　　真　0451-86414749
网　　址　http://hitpress.hit.edu.cn
印　　刷　黑龙江艺德印刷有限责任公司
开　　本　787 mm×1 092 mm　1/16　印张 9.5　字数 180 千字
版　　次　2024 年 6 月第 1 版　2024 年 6 月第 1 次印刷
书　　号　ISBN 978-7-5767-1487-6
定　　价　69.00 元

（如因印装质量问题影响阅读，我社负责调换）

序

　　语言研究有两种取向,一种取向是从问题出发,重视语言事实的发现和描写,这种研究取向重视数据,重视语言事实,重视实证,重视微观变化,这种取向的研究被称为数据取向(data-oriented)的研究;另一种取向是从理论出发,用已有的理论来解释语言事实,或者构建一种新的理论来解释某种语言现象,这种研究重视演绎,重视理论的自洽,重视宏观格局,这种取向的研究被称作理论取向(theory-oriented)的研究。在当代中国语言学界,中国语言文学学科大多采取数据取向的研究,外国语言文学学科大多采取理论取向的研究。当然也可以把数据和理论结合起来,现在很多研究者越来越重视把理论和数据结合起来,在语言事实研究方面"务于精熟",在理论阐释方面"观其大略"。窦焕新博士的新著《汉语"就""便""即"的语法化研究》就是运用语法化和认知语言学的理论,对汉语中的3个虚词"就""便""即"的语法化过程进行描写和解释,既重视语言事实,又不忘对理论进行检验。她通过对历史文献的考察,刻画了汉语"就""便""即"这3个虚词的历史演化路径,并对这3个虚词在历史发展过程中的替换现象进行了认知语言学的解释。这项研究看似微观,"螺蛳壳里做道场",实际上是"小题大做",一滴水可以折射出大海的浩瀚和美丽,一粒沙可以反映出物质世界的微观结构和宏观理念。这部著作从微观的角度出发来观察汉语虚词语法化的历史演变和竞争替换的过程,又从宏观的角度对这种历史演变和竞争替换的过程进行了解释,这是一项有意义的研究。

　　语法化理论研究的是语言元素从表达具体意义的语言成分转变为表达抽象语法关系的语言成分的过程,这个过程涉及多种因素和机制,并且是一个动态的历史演变过程。语法化理论关注4个方面的问题——语法化的时间(什么时候开始语法化的)、语法化的路径(语法化的起点、途径和终点在哪里)、语法化的机制(是什么因素导致了语法化的发生)、语法化的动因(为什么会发生语法化),也就是语法化理论关注的 4 个 wh-(when、where、what、why)。语言的微观研究以精细的视角和深入的分析,为理解语言的内在机制提供了宝贵的洞见。窦焕新的新著不仅深入探讨了汉语中 3 个重要虚词的语法化过程,而且为我们揭示了这一过程背后的机制和动因。

"就""便""即"在现代汉语中都还在使用,但使用频率不同,它们实际上代表了汉语虚词发展的不同阶段。词汇的语法化过程跟语言成分的使用频率有关,使用的频率越高,意义的变化就越大,虚化的可能性就越大。"就""便""即"的历史演变过程可以充分证明这一点。窦焕新的研究告诉我们:语法化并非总是沿着单一斜坡进行演变,很多语法化实例表明它们是沿着 2 条或更多的斜坡发展的,即所谓语法化的"多重路径"。参与单向性演变的主要有 3 种典型的过程:特化(specialization)、分化(divergence)和更新(renewal)。这 3 种典型的变化过程,进行历史句法研究的人、进行词汇演变研究的人和进行汉字演变研究的人都常常会看到,但是如何解释演变的机制和动因,却是各家有各家的高招。语法化的过程是一个复杂的过程,涉及语言的多个层面,它不仅仅是句法的演变,语义的演变对句法的演变有制约作用,语境的因素对语法化的过程也有影响。窦焕新的研究不仅关注了这些虚词在句法结构中的功能变化,还深入探讨了它们语义演变的内在逻辑,以及这些变化是如何受到语言内部和外部因素影响的。这种多维度的分析方法为我们理解汉语虚词的语法化提供了全方位的视角。

汉语作为一种历史悠久、使用广泛的语言,其语法结构的演变和发展一直是语言学家研究的热点。在这部著作中,窦焕新选取"就""便""即"这 3 个虚词作为研究对象,通过对它们的语法化路径的细致分析,为我们提供了一个观察汉语语法演变的独特窗口。她的研究不仅基于大量的语料,而且采用了严谨的科学方法,使得研究结论具有很高的可信度。我们也可以从这个研究中得到启发,由点及面,由表及里。现代汉语是历史发展的结果,现代汉语与古代汉语的联系是一直没有中断的,这给我们的语法化研究提供了方便。我们的书面记录一直是由汉字来承担的,汉字的字形、字音、字义的发展变化,也是我们进行语法化研究的重要参考。方言是历史演化的不同截面,语法化的研究也可以方言作为参照物,不同方言区的语法体现了汉语语法历史发展过程中的不同时间段。当然如果把视野放得再开阔一些,我们也可以世界语言作为参照系,把汉语纳入世界语言演变的大框架中进行考察。除了语法化理论、认知语言学理论之外,语言类型学理论也有参考价值。

窦焕新的研究还具有很强的现实意义。随着汉语的国际影响力的日益增强,越来越多的非母语者开始学习汉语。了解汉语虚词的语法化过程,对于汉语教学和学习者掌握汉语的语法结构具有重要的指导作用。有些文言的用法在现代汉语中还很常见,但是语体意义不同。因此,这部著作对于要学好汉语书面语的二语学习者来说是非常有意义的。窦焕新对语言现象的敏锐洞察和对所研究问题的深刻理解,使得这部著作不仅在学术上具有重要价值,而且在实践应用中也具有参考价值。

最后,我衷心地祝贺窦焕新博士的著作出版,并期待这部著作能够为语言学界带来新的启示,同时也能够激发更多学者对汉语语法化的过程进行更深入、更广泛的研究。

是为序。

崔希亮
2024 年 4 月

目 录

第1章 绪论 ·· 1

    1.1 引言 ··· 1

    1.2 研究对象 ·· 2

    1.3 研究目的 ·· 2

    1.4 理论基础 ·· 2

    1.5 研究方法 ·· 11

    1.6 主要研究内容及语料来源 ··· 11

    1.7 小结 ··· 12

第2章 国内外研究现状综述 ·· 13

    2.1 历时研究 ·· 13

    2.2 共时的描写和解释 ··· 20

    2.3 小结 ··· 27

第3章 "就"的语法化 ·· 29

    3.1 引言 ··· 29

    3.2 先秦、两汉时期"就"的主要用法 ······································· 29

    3.3 魏晋至北宋时期"就"的主要用法 ······································· 41

    3.4 南宋、元、明、清时期"就"的主要用法 ····························· 45

    3.5 小结 ··· 55

第4章 "便"的语法化 ·· 58

    4.1 先秦时期"便"的主要用法 ··· 58

    4.2 西汉时期"便"的主要用法 ··· 62

    4.3 东汉、六朝时期"便"的主要用法 ······································· 70

    4.4 唐五代及以后"便"的让步用法 ·· 72

4.5 "便"的重新提及话题用法 …… 78
4.6 小结 …… 78

第5章 "即"的语法化 …… 79

5.1 西周时期"即"的主要用法 …… 79
5.2 春秋战国时期"即"的主要用法 …… 83
5.3 "即"的相关研究及我们的观点 …… 95
5.4 小结 …… 98

第6章 "就""便""即"语法化的比较 …… 99

6.1 "即"与"就"的比较 …… 99
6.2 "即""就"与"便"的比较 …… 103
6.3 "即"与"便"的共性 …… 103
6.4 "就"与"便"的共性 …… 106
6.5 小结 …… 106

第7章 "就"的共时描写和解释 …… 108

7.1 以系统功能语法作为共时描写的理论框架 …… 108
7.2 "就"的概念功能 …… 112
7.3 "就"的语篇功能 …… 114
7.4 "就"的人际功能 …… 118
7.5 共时研究的主要分歧 …… 121
7.6 小结 …… 123

第8章 结语 …… 125

8.1 "就""便""即"的语法化 …… 125
8.2 "就"的历时对共时的解释 …… 127
8.3 创新之处 …… 128
8.4 关于汉语语法化的研究方法 …… 131
8.5 对后续研究的展望 …… 132

参考文献 …… 136

第1章 绪 论

1.1 引言

(1a) 5岁就上学(了)
(1b) 5岁上学
(2a) 兜里就(有)10块钱
(2b) 兜里有10块钱

比较(1a)和(1b)可以看出,(1a)中"5岁"表示上学"早";比较(2a)和(2b)可以看出,(2a)中"10块钱"表示"少"。这里的"早""少"是基于说话人和听话人心理的"量",学界称之为"主观量","主观量"是"就"赋予的,因此上述问题被称为"'就'表'主观量'"的问题。

单看这两例,貌似"就"表"主观量"的问题十分简单,"就"赋予前项的是"主观小量"(前指),赋予后项的也是"主观小量"(后指)。

然而问题并不那么简单,试看下面的例子:

(3) 一万块就买了一个包儿。

"就"是前指还是后指?还是既前指又后指?

(4) 下个月就50(岁)了。

(4)涉及的是不是"就"表"主观量"的问题?

对于(3)(4)这样的例子目前学界的观点并未达成一致,我们认为从历时的角度可以对以上问题做出合理的解释。

从历时来看,"就"的副词用法是从动词直接发展而来的,还是从介词发展来的?学者们各执一词,那么是否有其他的相关演化可以作为参照?单独研究"就"的历时演变不足以说明规律,需要选取关系密切的一组词来进行研究。"即""便"和"就"在历史上呈现为更替关系,"即""便"的历时研究对于"就"的解释可以提供佐证,另外,对"即""便""就"的历时演化历程进行比较,也有利于发现汉语语法化的共性和个性特征。

1.2 研究对象

本书尝试对汉语中"就""便""即"的历时演变进行全面描写,并运用语法化理论从认知的角度加以解释。

1.3 研究目的

本书的研究目的有两个。一是旨在通过对"就""便""即"语法化的描写和比较,追寻"就""便""即"历时演变的共性和个性。我们希望以"就""便""即"的语法化这样有代表性的语法化过程为研究对象,通过广泛、深入的个案研究,尽量系统、全面地整理出在汉语中反复出现的语法化的路径和模式,为呈现汉语语法化的基本面貌做出贡献。江蓝生(2016)提出,要善于发现、贴切解释汉语中各种语法形式产生的各自句法环境和语义要求是什么,特别是要发现诱发原因和运作过程中带有汉语个性的特点和规律。只有进行一个个扎实的个案研究,只有将众多个案研究的成果加以归纳综合,才会有所发现。个性化的汉语语法化演变条件、演变过程和演变规律的发现和解释,必定会对现有的语法化理论起到检验和丰富的作用,也会推动语法化理论取得突破性进展。这正是本书的研究目的的最好说明。二是通过历时描写解释共时现象,主要解释"就"的纷繁复杂的共时用法。

1.4 理论基础

1.4.1 什么是语法化

自 Meillet 于 1912 年首次明确提出 grammaticalization 以来,对于语法化的定义先后多达几十种,其中 Hopper & Traugott(2005)的影响较大,本书的研究采用他们的定义:语法化这个术语有两个意思,一个意思涉及一种用来解释语言现象的研究框架,另一个意思则涉及语言现象本身。作为涉及研究框架的术语,一般所说的语法化是指"词汇项和结构进入某种语境以表示语法功能,一旦这些词汇项和结构发生了语法化,将继续发展出新的语法功能"。在汉语中,语法化通常指语言中意义实在的词转化为无实在意义、表语法功能的成分这样一种过程或现象,我国传统的语言学称之为"实词虚化"(沈家煊,1994)。例如,汉语"把""被""从"等原来都是有实义的动词,现已虚化为介词。

1.4.2 语法化理论的主要内容

我们主要采用 Hopper & Traugott 的语法化理论。语法化理论主要包括语法化的条件(在什么样的前提下语法化可能发生)、语法化的动因(语法化为什么会发生)、语法化的机制(语法化是怎么发生的)、语法化的路径。语义空泛和局部语境是语法化的条件或前提。隐喻和转喻被认为是语法化的动因。重新分析和类推是语法化的两大机制。单向性假设是对语法化路径的理论假设,也是语法化理论的最强假设。下面我们分别加以说明。

1.4.3 语法化的条件

语义空泛和局部语境是语法化的条件或前提。

语义空泛的词容易被用来表达主观意义,这是语言形式发生语法化的基础。比如"来""去"就是高度泛化的运行动词,只包含[+位移][+方向]两个义素,因此,在各种语言里都极易发生语法化。而英语里的运行动词如 saunter(漫步)、waddle(蹒跚)和 run(奔跑)不易发生语法化,是因为它们与 go 相比多了[+运动方式]这个义素。

局部语境是语法化发生的另一个前提。语法化只发生在非常局部的语境中,比如 be going to 的语法化发生在"含有目的性和方向性、携带非限定补语"的结构中,如 I am going to marry Bill,而不会发生在带有方位词的语境中,如 I am going to London。当这一局部语境进一步泛化和类推,be going to 后面的动词与目的意义不能相容时,比如 I am going to like Bill 或 I am going to go to London,就会发生重新分析,语法化就发生了。

1.4.4 语法化的动因

对于诱发语言演变的动机,不同的语言学流派有不同的主张:生成语言学家对儿童语言习得最感兴趣;社会语言学家则更为关注言语社团间的相互接触;语法化研究者更重视语用推理(pragmatic inference)的作用,即说话人和听话人在协商交际情景的意义的过程中所发生的作用,语用推理包括隐喻和转喻。

1. 关于隐喻

隐喻是基于概念相似的一种类比性推理。就隐喻来说,概念投射是单向的,一般是从具体域到抽象域。常提到的几个隐喻模型有:(1)以身喻心。世界各种语言里表示身体动作的词常发展出表示心智的意义,如 I see 和 I grasp 都引申出"我明白"之意。(2)身体部位隐喻。身体部位名词常语法化为方位标记:"头"常演变为前置词,意思是"在~顶端/上","脸"引申为"在~前"等。(3)"空间>时间"隐喻。表示空间关系的词语可以用来表达时体意义,最著名的例子是 be going to 由"(带有目的性的)去"引申出表"将来时"。(4)"社会物理世界>认识世界"隐喻。这主要涉及情态动词的意义发展,尤其是与强制性有关的意义发展为认识情态的意义。比如 must 由"必须"引申出来"肯定"的意义演化,也可以看作是从一个概念域到另一个概念域的投射。

2. 关于转喻

转喻是基于概念相关的一种引发性推理,这种推理是基于语用的。隐喻演变涉及用另一种不在语境中存在的事物,来确切说明一种更复杂、更抽象的事物;而转喻演变涉及用另一种在语境中存在的意义来确切说明一种意义,依赖于语流中邻接和联想的过程。

比如 while 的发展可以看作是转喻机制发挥作用的一个例证。while 起源于古英语里的一个副词短语,由 hwile"时间"和从属连词 Pe 组成,极其明确地表示"同时发生",可以译为"在……时候"。到了晚期古英语,这个短语形式缩减为一个简单的连词 wile,"同时发生"的这种时间义在某种程度上丧失了,允许一部分会话推理发挥作用。尽管来自 while 的原因推理在英语里没有发生语义化,但在有些语言中,比如德语中,weil 的"在……期间"的时间意义已经废弃不用,而原因意义已经成为主要意义。

近年来研究者越来越认识到,对认知来说,转喻可能比隐喻更为基本。

1.4.5 语法化的机制

隐喻和转喻都是为了提供信息,转喻依赖语流的邻接与联想,因而与之伴随的是横向组合的重新分析机制,而隐喻涉及跨域的相似性,因而与之伴随的是纵向聚合的类推机制。下面对重新分析机制和类推机制进一步说明。

1. 关于重新分析机制

Langacker(1977)认为重新分析是"一个(或一类)表达的结构变化,这种变化不包括它任何直接或固有的表层显现的修饰关系",即重新分析是一种词语之间的内在语法关系的变化,它不会立刻带来表层形式的变化,常常会导致成分之间边界的创立、转移或消失。Harris & Campbell(1995)认为,重新分析包括构成成分、层次结构、范畴标注、语法关系和黏着性(边界类型)的变化。Traugott 等(1993)所举的例子如下:

[(back) of the barn] [(后部)谷仓的]
[back of (the barn)] [在后面(谷仓)]

中心名词地位的变化是一种层次结构变化(什么从属什么)。把名词 back 重新解释为复杂介词结构中的前置词是一种范畴标注的变化。主语从话题发展而来,以及英语里的从句需要有语法主语,证明了语法关系的变化。黏着性的变化则体现为"be going to > be gonna"和"let us > let's > lets"等。

Croft(2011)称重新分析为亚分析,"在亚分析中,听话人把语境的语义/功能属性重新分析为句法单位的语法属性……因而正在讨论的句法单位获得了一种新的功能意义"。我们赞同 Croft 的观点,重新分析是基于听话人/读者视角的,重新分析得出的两个结构意义分别有两个来源,一个是该结构的原有用法,即所谓的 source determination;另一个则来自语境,语境或为该结构增加了一个功能,或对其语义功能强行进行了改变。

2. 关于类推机制

在本质上,重新分析和类推都涉及创新,但是沿着不同的轴进行。重新分析是沿着线性成分结构的横向组合轴在起作用,与之相对,类推是沿着任何一个构成成分的纵聚合轴在起作用。重新分析和类推的相互作用可以通过 be going to 从表示方向性发展到表示将来时来体现,如图1.1所示。

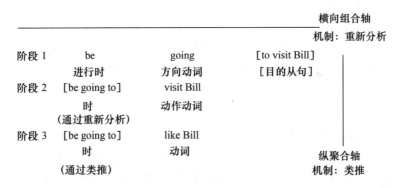

图1.1　be going to 从表示方向性发展到表示将来时

类推可以看作是规则或结构的泛化,类推使无法看见的重新分析演变成为可见的。

1.4.6　国内关于汉语语法化动因、机制的研究

对于汉语来说,语法化即实词虚化,对于实词虚化,历代学者都有关注,只不过使用的术语不同,我国学者对实词虚化的讨论是在词义演变的范畴内。这里我们不准备对语义演化和语法化进行详细的区分,具体区分可参见贝罗贝、李明(2015)。对于词义发展演变的机制,除了传统语文学的词义引申和假

借,近来我国学者又提出词义渗透(孙雍长,1985)、相因生义(蒋绍愚,1989)和词义沾染(朱庆之,1992)等理论。这些词义演变理论自然也包括汉语的实词虚化,但本质上是与语法化理论不相容的。因此我们在这里对其进行介绍,并阐明我们在接下来的研究中不予采用的原因。

1. 词义渗透、相因生义和词义沾染

孙雍长(1985)提出的词义渗透是词义发展变化的一种机制,与词义引申相互补充。词义引申是以词的本义为出发点发展出新义,而词义渗透是词与词之间意义的相互影响、彼此渗透。词义渗透主要有以下几种情况:(1)语义相同或相近的词发生词义渗透。比如"判"的语义为"判分","决"的语义为"决裂",作为动词二者意义相近。"决"虚化为情态词表示"必",由于词义渗透,"判"也虚化用作情态词表示"必"。"仙人一捧露,判不及杯中",徐仁甫说"谓断不及杯中",将"决"训为"断",即"必"之义。(2)语义相关或相反的词发生词义渗透。"停车坐爱枫林晚,霜叶红于二月花"中的"坐"是"因"的意思,这是由于"因"的本义是"茵席",与"坐"意义相关,"因"引申做了介词,对"坐"产生词义渗透,"坐"也有了"因"义。(3)因通假或者声转关系而发生词义渗透。古代"光""广"通用,因此"光"除了"光明"义,还有"广大"义,又由于"光""明"同义,"明"也具有"广大"义,如《礼记·中庸》"高明,所以覆物也"中的"明"应释为"大"。(4)因语法结合关系而发生词义渗透,如果甲词与乙词经常处于某种语法结合地位,那么,在长期的历时发展中,甲词(或乙词)也有可能受乙词(或甲词)意义的影响而产生新的意义。比如"所"为代词,"以"为介词,由于二者经常连用,"以"也具有了"所"的用法,如《庄子·天下篇》中有"皆有以养",意为"皆有所养"。

蒋绍愚(1989)提出:"A 词原来只和 B 词的一个义位 B_1 相通。由于类推作用,A 词又取得了 B 词的另一个义位的意义 B_2,甚至取得了 B 这个字的假借意义 B_2。这就叫词的相因生义。"可以看出相因生义属于词义渗透的第一种情况,即因意义相同或相近而发生的渗透。

朱庆之(1992)提出的词义沾染指:"不同的词处在同一组合关系或聚合关系而发生的词义上的相互渗透。这种渗透可能导致一方或双方增加新的义项或词义的完全改变。"朱庆之的词义沾染说与词义渗透说基本相同,只是引入了索绪尔的"组合关系"和"聚合关系"。基于组合关系的词义沾染与转喻非常相似,但二者实际指的并不是一回事,前者指的是由于二者邻近而发生的同化作用,类似于语音学的同化作用,而转喻则是基于语用推理。基于聚合关系的词义沾染在语法化理论中则找不到对应物。这给我们的研究提出了问题:是否要在语法化的机制中引入词义沾染?

我们认为词义渗透、词义沾染理论中所提出的例证有一些尚缺乏足够的说服力。比如孙雍长提到的"判"到"必"的语义演变，事实上，该例还需反复推敲。我们认为"判"从未发展出表示"必"的情态义。至于"判不及杯中"徐仁甫解释为"谓断不及杯中"，我们认为徐仁甫的解释是"断定、认为"的意思，判、断同义互训，却并非"必"的意思。朱庆之所举的一些例子我们认为也值得商榷。比如朱庆之（1992）提到"呼"具有"请"和"以为"的意义，来源于"谓呼"的组合使用。然而现有研究已经证明"言说义动词＞认知义动词"是一条比较常见的语法化或者说主观化的路径。李明（2003）讨论了中古、近代汉语"谓、呼、言、云、道"等言说义动词引申出"认为、以为"义的现象。另外，朱庆之（1992）还举了"照"的例子，"照"之所以产生新义"明、清楚明白"，是由于"照明"的组合使用。我们可以看到这完全可以用隐喻的机制进行解释。英语中"shed light on"也同样有"使清楚、使明白"的语义，可见是人类共同的认知机制。类似的例子还有一些，我们这里不一一援引加以讨论。这里要说明的是词义渗透、词义沾染理论可能有其适用领域，但不能将该领域随意扩大化，尤其是在语法化现象中加以使用更应该慎重。

我们认为词义渗透、词义沾染只适用于词义（包括语法功能）出现断崖式发展的情形，即在语言使用的历史上完全找不到可以重新分析的语例。因为事实上只要存在可重新分析的语例，就能证明新、旧用法之间彼此有联系，就可以用隐喻或转喻动因加以解释，就不需要借助其他的语言项来解释该项新用法的产生。至少在我们的研究中并不存在这类情形，这也是我们不同意"即""便""就"的语法化历程中存在错项移植（孙锡信，2005）的原因，所谓错项移植本质上就是词义渗透、词义沾染。

关于实词虚化，我们主张注重语言项自身的语义基础和使用中的语境的作用，而慎谈基于组合关系和聚合关系的词义渗透、词义沾染，我们宁愿把相关现象看作是语言项依据自身的发展规律，在特定语境的作用下各自演化而来的。

2. 强势语法格式

石毓智（2011）认为，语言的发展史毫无例外地证明，使用频率高、范围广的强势语法格式是类推的原动力，并以此对"是"由指示代词演化为判断词进行了解释。

"是"的初始语境是"topic（话题），是＋comment（说明）"。"是"作为一个指示代词回指其前面的话题。大约在战国后期，"是"的句法环境发生了一些变化，前面的"话题"由原来的小句或复杂名词短语发展为名词性成分；而且当"说明"为一个光杆名词、人称代词或者人名时，常常用倒装形式"comment +

是"。"是"出现的典型句法结构就变为"topic，是 + NP 也"和"topic，N + 是 + 也"。汉语的一般句式(当省略主宾语时)是"V + NP(无主句)"和"NP + V(无宾句)"。这样"是"的句法环境与当时 V 的句法环境取得一致，"是"发展为判断动词。

石毓智的观点可以视为句法驱动的语法化动因，其在多大程度上符合语言发展的事实，很难下定论。

3. 结构式语义羡余

江蓝生(2016)提出结构式语义羡余是语法化的诱因。语义羡余的例子有语义复指、语义部分重合、语义同指等。语义复指(或叫回指)的典型实例是王力(1958)所指出的"是"由复指的指示代词演变为系词(判断词)的例子。语义部分重合的例子，如贝罗贝(1991)所讨论的，《史记》中的双宾句"厚分与其女财""分予文君僮百人"中，"分"的词义跟"与/予"部分重合，"与/予"不是非要不可的成分。语义同指的例子，如江蓝生(2004)指出，话题标记"的话"依托的句法结构是"说 X 的话"，在语义上，当"X"与"话"语义同指时，引发"的话"的虚化。如"且慢讲那位姑娘的话"(《儿女英雄传》)就等于"且慢讲那位姑娘"，"那位姑娘的话"与"那位姑娘"二者具有同一性，"的话"语义空灵；当"X 的话"摆脱"说"类动词的支配，位移至话题的主语位置时，引发"的话"语法化为话题标记。总之，语言中的某一成分如果是羡余的，那它的语义就容易虚化，如果羡余成分恰好处于汉语句法的某个功能词的位置，它就可能语法化为相应的虚词。江蓝生认为语义羡余从根本上说也是一种超常规组合的结果。至于为什么会发生这样的组合变异，是否如 Traugott 等所指出的是由泛化和类推引发的，江蓝生并没有进一步展开分析。我们认为汉语中的超常规组合可能有自己的独特诱因，这点我们将在后面的研究中提及。

在语法化理论的影响下，国内的一些学者开始自觉将虚词语义演变的动因和机制纳入语法化理论中。比如，郭锐(2012)提出了虚词演化的 8 种机制：隐喻(metaphor)、推论(inference)、泛化(generalization)、特化(specification)、伴随义的突显化、等值的突显化、语境义吸纳(absorption of contextual meaning)、主观化(subjectivization)。其中除隐喻之外，其他 7 种都属于转喻，即通过邻近或相关的事物来表达新的意思。

1.4.7 语法化的单向性假设

语法化理论最重要的假设是单向性假设。某个词汇项或结构在某些局部语境中使用，被重新分析为具有句法和形态功能，其演变模式为：使用于特定语境中的词汇项 > 句法 > 形态。基本的假想为两个阶段 A 和 B 之间存在一种关系,这样 A 就发生于 B 前,反过来则不成立,这就是所谓"单向性"。

1. 斜坡

形式不会突然从一种范畴转变为另一种范畴,而会经历一系列细微的过渡,这些过渡在类型上往往具有跨语言的共性。斜坡就是对这一特性的隐喻性说明,即形式会跨语言地经历同样的演变或在演变顺序上具有相似的关系。例如,back 是一个表示身体部位的名词,在 at the back of 中代表空间关系,它很容易变成副词,并最终可能演变成前置词,甚至是词缀。与英语中的 at the back of 相当的形式在世界不同语言中反复出现。名词可能变成关系短语、副词、前置词,甚至格词缀,就是斜坡的一个实例。斜坡有共时和历时双层含义:从历时角度看,一个斜坡就是语言形式自然演变的仿真图式;从共时角度看,一个斜坡相当于一个连续统,各种语言形式沿着一条虚拟的线排列,线的一端是实在的形式(可能是词汇形式),另一端是紧凑、弱化的形式(可能是语法形式)。这条虚拟的线或路径可以被称为语法化通道。通道的内部结构或关系模式可称为语法化链。"斜坡""连续统""路径""通道""链"都是表示语法化单向性的隐喻。Traugott(1982)将 Halliday(1970)区分的 3 种语法功能排成一个语法化程度由低到高的等级,即语言功能的斜坡:命题功能(propositional meaning) > 语篇功能(textual meaning) > 表达功能(expressive meaning)。例如,英语 while 一词在古英语中表示"有时",只有命题功能,在中古英语中表示"当……时候",既有命题功能,又有语篇功能,到近代英语中表示让步,有了表达功能。

2. 去范畴化

去范畴化是单向性的一个重要表现。所谓去范畴化,主要是指名词、动词和形容词范畴中的成员,在分布或至少一种用法上,其原型程度由强到弱的一种趋势,这一演变趋势可以表示为这样一个范畴斜坡:主要范畴 > 中间范畴 > 次要范畴。这个图式中的主要范畴是名词和动词,次要范畴则包括前置词、连词、助动词、代词和指示代词。形容词和副词处于主要范畴和次要范畴的中间范畴,可以证明的是它们各自直接来源于动词和名词。除此之外,语法化研究者曾归纳出很多关于语法演变的斜坡,其中与本书直接相关的有:实义动词 > 助动词 > 附着形式 > 词缀。

3. 多重路径

语法化并非是沿着单一斜坡的演变,很多语法化实例表明其是沿着两条或可能更多不同的斜坡发展的,即语法化具有多重路径。当然,多重路径中的每一条都应符合单向性假设。

4. 单向性演变的典型过程：特化、分化和更新

参与单向性演变的有3种典型的过程：特化(specialization)、分化(divergence)和更新(renewal)。

特化是对各种可利用的形式的选择在减少的过程。一个结构式在语法化的最初阶段，能进入这个结构并承担同一功能的语法形式有好几个，在语法化的最后阶段，某形式排挤掉其他竞争者而胜出。中古时期完结动词"了、已、讫、毕、竟"都能进入"V(+宾)+[ ]"格式，即出现在V(+宾)的后面，表示动作完结，到了晚唐五代，"了"在此格式里的出现频率远高于其他竞争者，进一步语法化为"完成貌"词尾（梅祖麟，1981）。特化表明语法化过程具有选择性（谷峰，2008）。

分化是一个语言形式分裂成两个，其中一个变体保留了它以前的特征，另一个则开始语法化。语法化可能导致同一个词产生两个或多个功能各异的形式，在共时系统中就会呈现出一词多义现象。比如唐代"来"有趋向动词、动相补语、事态助词、概数助词和语气词多种用法（刘坚等，1992）。考察各种语言中的分化现象，在分化过程中，当某个词汇形式发展出语法形式时，原来的词汇形式可能仍会作为自主成分被保留下来。如果用A表示原来的词汇形式，用B表示发展出来的语法形式，A和B会按照各自的方式发展下去，两个形式有可能共存几个世纪，甚至更长的时间。但需要指出的是，B取代A，或者说A的消亡在语法化过程中并非不可避免，因而关于语法演变的常见公式"A＞A/B＞B"应该被修正为"A＞B/A(＞B)"。分化体现了语法化过程的滞留性特征。

更新即新、旧语法形式的更替。更新是为了抵消去范畴化，保证语言表达的精确、明晰。英语程度副词原来用very，近两百年来又先后产生了awfully、frightfully、fearfully、terribly等10多个新形式表示程度。上古多功能介词"于"的各项用法后来被"在""从""向""比""给""对"等新兴介词分担（刘丹青，2001）。我们要研究的"即""便""就"也存在更新。

1.4.8　主观化

主观化在语法化研究框架中。Traugott认为主观化是一种"语义—语用"的演变，即意义变得越来越依赖于说话人对命题内容的主观信念和态度。语言中用来表达主观性的可识别的语法成分通过非语法成分的演变而逐步形成，这就是语法化中的主观化问题（Traugott，1995）。Traugott认为主观化和语法化一样，是一个渐变的过程，强调局部的上、下文在引发这种变化中所起的作用，强调说话人的语用推理过程。语用推理的反复运用和最终的凝固化，结果就形成主观性表达成分。语用推理的产生是由于说话人在会话时总想用有限的词语传递尽量多的信息,当然也包括说话人的态度和感情。描述外部或内部情状的意义＞篇章义,就是很典型的主观化现象,同时也是一种语法化现象。比如古英语中的 while(一段时间)由名词语法化为有时间连接作用甚至是让步作用的连词,正反映了"概念义＞篇章义"的演变。汉语的连词、话题标记、连接副词和一些关联格式都有篇章连接作用,它们多数是从不具有篇章连接作用的用法发展来的。我们研究的"就"正是如此。

1.5 研究方法

本书主要采用比较法,包括:历时比较法,涉及针对同一个语言单位在历时变化中进行比较;共时比较法,对同一历史时期的语言材料进行比较而发现其异同,既包括同时代的,甚或同一作者、同一文献中同一语法单位的各种用法比较,也包括同一时期不同语法要素之间的比较;整体比较法,对不同时期功能相近的语言要素的语法化动因、机制和路径进行整体比较。

此外还有共时描写法,即对语言某一特定时期的某一现象进行客观穷尽式挖掘,显示其分布情况;内证法(本证法),主要用在考据方面,即从某一语言内部寻找证据来说明自己的观点;外证法,即为了说明问题而从所研究对象的外部来寻找根据来证明。

本书研究注重真实的语料,因此在具体研究中还采用了语料库研究法。

1.6 主要研究内容及语料来源

1.6.1 主要研究内容

本书的主要研究内容分为3部分:第一,分别考察"就""便""即"的演化过程。第二,通过"就"与"便""即"的比较研究,探索汉语同类虚词的演化规律。第三,对"就"的各项共时功能进行说明和适当归纳,以历时解释共时。

1.6.2 语料来源

历时语料选取的原则:
(1)语料时间明确、无争议,确实反映当时的语言使用情况。
(2)选自经典著作。文学作品的广泛流传是语言发展重要的推动力之一。
(3)前人研究所重点引用的作品,如《夷坚志》。

古代汉语语料以北京大学CCL语料库为主,并与纸质文献、电子文献(如《四库全书》的电子扫描版等)相对照。现代汉语语料来源于3部分:北京大学CCL语料库、其他研究者的用例(书中会注明)以及个人语感和生活中的搜集。

1.7　小结

　　本书采用功能语言学的视角,对汉语中3个重要的承接类副词"就""便""即"进行历时考察,主要运用语法化理论,同时参考国内研究虚词演化的一些理论观点,力图通过对"就""便""即"的语法化历程进行的细致描写和认知视角的解释,从而发现汉语语法化的共性和个性,并从历时的角度对"就"的共时功能进行解释。语法化的研究当然以句法功能为主,即主要讨论词性的变化,当同一词性的语义和语用功能有很大差异的时候,我们会同时引入语义和语用功能作为参考框架。比如,"就"的时间副词用法分两种:"立即"义和"即将(近将来时)"义,为了将二者区分开来,我们会分别使用"立即"义和"近将来时"这样的提法。再比如,"就"做承接副词时,在具体的用法上还需细分,我们会借助引入相关话题这样的语用功能的提法。总之使用语义和语用功能的提法是为了对其句法功能进行细化分析。

第 2 章　国内外研究现状综述

语法化研究有共时和历时两个视角。共时研究主要把语法化看作句法、话语和语用现象，从语言使用的可变模式的视角进行研究。历时研究调查语法形式的来源及其所经历的典型演变步骤。在语法化理论研究中，以历时视角为主，但在汉语"就"的研究中，共时研究的成果更为丰富，当然这些共时研究并非都采用语法化的视角。

2.1　历时研究

相较于共时研究，对"就"的历时研究显得比较薄弱。在以往的研究中，有专门对某一文献或某一时期"就"的使用情况的专书和断代研究，也有对副词"就"的整个演化史的个案研究，有对"就"的副词用法、介词用法和连词用法的演化分别进行的研究，也有对各种用法演化历史的综合研究，还有较多对"就"与"即""便"的比较研究。

2.1.1　专书和断代研究

对"就"的历时研究以梅祖麟（1984）和曹广顺（1987）的影响较大，前者主要以元杂剧为研究对象，后者以南宋时期的文献为语料来源，都属于近代汉语的断代研究。

梅祖麟（1984）的研究目的是以语法、语汇的观点去看待元杂剧的宾白的写作年代，是一项服务于文献学的语言学研究。他以《老乞大谚解》和《朴通事谚解》（这两部书的语言和元杂剧的宾白最为相近，以下分别简称《老》《朴》）为出发点，探讨了元明之际一些语汇的用法变化，其中包括"就"。该研究的目的并非是研究"就"的语法化，而是借助若干语法、词汇去考察元杂剧的宾白的写作年代。比如通过考察"就""便"在某一文献中的占比情况来断定文献的写作年代。梅祖麟明确指出副词"就"在元代才出现。根据梅祖麟的考察，在《老》《朴》之前的文献中并没有"就"的副词用法，都用"便"。《老》《朴》的成书是"就"取代"便"的过渡时期，《老》《朴》中的有些例子可以看作"就"由介词向副词的过渡，如"今日到黄村宿，明日就那里上了坟"（《朴》）。可见梅祖麟认为,"就"的副词用法是由介词用法演化而来的。梅祖麟(1984)的研究可以视为对"就"的断代描写,由于并非"就"的语法化研究,因此没有对"就"的语法化历程进行全面的描写,当然也没有对其动因和机制进行深入探讨。我们只能从中得到"就"的语法化路径的一个片段,即"方位介词—副词",副词用法产生于元代。

曹广顺(1987)对梅祖麟的研究提出了不同的看法,他主要考察了《夷坚志》《武林旧事》等宋代文献中"就"的副词用法,认为现代汉语副词"就"的基本用法在南宋中晚期就已经大体具备了,在南宋末至少在南方部分地区"就"已经取代了"便",并且认为,"就"的副词用法由其动词用法虚化而来。曹广顺通过对比宋、元、明的文献资料发现,在这3个朝代,"就"的使用频率呈现出"多—少—多"的变化过程,其推测这一现象是由于政治权力中心的变更,也正因为如此,一些学者在元代的文献中很少看到"就"的使用。曹广顺(1987)是对梅祖麟的研究的一个再探讨,力求对前辈学者的研究成果有所补益。曹广顺以南宋《夷坚志》为例,说明"就"已具备多种副词用法。曹广顺针对每种用法各举数例,我们这里每种用法只录其一例。

(1)僧顾其仆,去街东第几家买花雌鸡一只来……命杀以具馔。杨氏子泣请曰:"……今日正启醮筵,举家内外久绝荤馔,乞以付邻家。"僧不可,必欲就煮食。

(2)政和中,诏每州置神霄宫,就以道观为之。

(3)是必此草能化铁为金也。就掇拾盈掬而还。

(4)门前一池……积水所潴,极为污秽,盛暑臭不可闻。一岁,忽清泚彻底,而其中藻荇葱葱然,染家至就以涤浴缣帛。

曹广顺认为(1)是"言时间短,或是表示动作短时内即发生,或是两个事件是紧接着发生的",即时间副词的用法。(2)是"限制、确定对象或范围的作用",即限定副词的用法。(3)"类似现代汉语中表示'承接上文,得出结论'的用法",即表逻辑关系的用法。(4)与(3)相似,但两个分句间的因果关系不及(3)的明显,更侧重于表达一种强调的意味,即语气副词的用法。

曹广顺认为"就"由动词发展为副词的具体路径为:"就+NP"—"就+VP"。正是在后者的基础上,"就"演化出了副词的用法。

曹广顺在梅祖麟的基础上尝试对"就"的演化过程进行较为全面的考察,自先秦至宋末,但重点仍是对南宋末期"就"的用法的具体分析,其历时部分论述得十分简略。

杨荣祥(2005)也认为"就"的副词用法始于宋代,在《朱子语类》中已经出现零星的用法。不过,杨荣祥在附注中说明,在《三国志》中有些例子疑似

"就"的副词用法。

2.1.2 对副词演化史的研究

专门对"就"的副词用法进行历时的全面考察,目前能够见到的主要是几篇硕士论文,如许娟(2003)、范立珂(2007)、黄敬轩(2007)、徐凤兰(2009)等。张谊生(2000)在探讨副词的演化机制时也提到了"就"的虚化。下面我们对张谊生(2000)、许娟(2003)、范立珂(2007)的研究加以简单介绍。

张谊生(2000)试图对副词的演化机制进行全面的归纳和总结,认为:"与汉语副词相关的虚化机制大致包括既相互联系,又相互依存的四个方面:结构形式、语义变化、表达方式和认知心理。"其中句法结构关系主要有3种:动宾、连动和联合。在动宾结构诱发副词虚化一节以"就"为例,认为诱发"就"虚化为副词的机制是"就+VP"的动宾结构,这一结构开始时语义重心在前,随着语义重心后移,动宾结构演化成状中结构,"就"从动词变为副词。不过,对于这一结构何以发生语义后移,张谊生并没有进一步解释。

许娟(2003)认为"就"的基本语义是前后相承,其副词用法并非产生于宋元时期,而是早在魏晋时期就已产生,只是经历了隋唐的低潮时期,到宋元开始复苏。同时,许娟也认为"就"的副词用法是由动词发展而来的,而不是介词。

范立珂(2007)对"就"的历时研究,结论与许娟(2003)基本相同,即"就"的副词用法在魏晋时期已经产生,副词用法是由动词用法直接发展而来的。与之不同的是范立珂认为副词"就"有两个基本语义,分别是"较快衔接"和"限制"。范立珂的研究运用了认知语言学的隐喻理论和意象图式理论,同时提出应将"就"的副词研究纳入格式中。

2.1.3 对介词用法的研究

对"就"的介词用法的研究相对较少,如马贝加(1997、1998)和王锳(2004)等。

马贝加(1997、1998)认为介词"就"的语义基础是"至、趋"动词义,其产生的句法环境是"V1+N+V2"。介词"就"可进一步细分为对象介词和处所介词。在论证介词"就"的产生机制时,马贝加十分注重同类词的相互影响或者说类推作用,认为介词"就"的产生深受"从"和"向"的影响,体现了语言的系统观。介词"就"在萌生过程中曾处于双动词结构"就+NP+VP"中。在汉代已经出现较多的"就+N(处所)+V"和"V+就+N(处所)"格式,这两种句法格式为"就"的虚化提供了可能性。"就"在虚化过程中的发展线索:"处所介词—对象介词—范围介词"。动词"就"的介词化始于汉朝,在南北朝时期已基本定型。

王锳(2004)认为介词"就"的用法可以上溯到秦汉,理由是《方言》中有"搜、略,求也。秦、晋之间曰搜,就室曰搜,于道曰略"这样的用法,"就"与"于"对举,当同为介词用法。王锳同样也认为,介词"就"是由动词"就"的相关意义虚化而来的。

2.1.4 对连词用法的语法化研究

对"就"的连词用法进行考察的有太田辰夫(2003)、Liu(1993)、邢志群(2005)、孙锡信(2005)、张丽丽(2009)等。

太田辰夫(2003)在副词分类下只简单提到"早就"为表"过去"的时间副词,主要在连词下面说明了"就"的用法。"就"的连词用法表现在用于连接等立句,又分为选择连词和承接连词。这里太田辰夫所说的连词显然和我们通常认为的连词范围不同。他所说的选择连词指的是"不是……就是……"中的"就(是)",在古代汉语中用"非""不"代替"不是",用"即""则"代替"就是","就是"本来不是连词,是因为这种呼应形式而连词化了,在用"就是"之前多用"便是"。他所说的承接连词多数属于副词,"姑且放在连词之中"。太田辰夫认为副词"就"原来是放在复句的后一句使用的。光凭它来表示的意义非常模糊,前句和后句是仅有时间上的先后关系,还是表示条件、假定等关系,是不明确的,只能根据上下文来判断。

用于主、从句的连词,通常称为让步连词,太田辰夫称其为纵予连词,纵予用来表达假定的转折。现代汉语中常用的纵予连词有"就是""就算""就让"等,还有"纵然""纵使""即使"等。太田辰夫认为"就"用于"纵予"可能是东汉以后,但同时也用于单纯的假设,所以转折与否应根据上下文来确定。当说成"就使""就令"等一定是表纵予。表纵予的"就"大约在魏晋时期就有,但"就是"用于纵予是在元明之际,"就让""就算"等稍晚一点儿。对于"就"的纵予用法产生的动因,太田辰夫并没有提及。

Liu(1993)认为"就"的让步连词用法产生于公元3世纪之后,即东汉之后。Liu认为"就"的让步连词用法直接源自"就"的趋近动词用法,由表示"朝向实际地点"转而表示"朝向整个命题的真实性"。又由于"就"本身表达的是"趋近/未触及"的意义,因而自然引申为"未实现/非事实"的意义,换句话说,"就"由表示两个具体事物的指涉转而表示"两个子句间的命题关系"。

邢志群(2005)认为"就"的连词用法是由连谓结构中的"就 NP"的"手段、方式"义引申而来的。"从实际语言的角度看,做事的手段,就是做事的一种条件。""如果下文所谈事件已完成,'就'引出的条件是一般的条件,但是如果下文所谈事件还没有完成,那么'就'引出的条件就是'假设条件'。"

孙锡信(2005)也注意到,"就"的让步连词用法先于副词用法产生,并认为"就"的让步连词用法是由"即"的让步连词用法错项移植而来的。所谓错项移植是语法成分在发展过程中产生的语法现象,涉及相关的两个成分。设若甲成分有 a、b、c、d 等项用法,乙成分有 A、B、C 等项用法,由于 a = A、b = B、c = C,于是产生类推作用,甲的 d 用法可能会转移至乙,以致乙也产生出甲的 d 用法,这就是错项移植。

与太田辰夫(2003)的看法不同,张丽丽(2009)认为,"就"的连词用法到南北朝时期才见得到,而且以表示纵予为主,有的解释为纵予和假设两可,但纯粹表示假设的"就"几乎没有。"就"的纵予用法产生很长时间之后,使用频率都非常低,直到元以后用例才丰富起来。张丽丽认为"就"的纵予用法由强调副词的用法发展而来,并且援引了世界上其他语言中焦点助词发展为纵予用法作为佐证。另外,张丽丽认为汉语中"即""便""正""就是"等也都是由表强调的用法发展出纵予用法的,自然也可以作为"就"的纵予用法的平行例证。

在前人的研究中,对于"就"的连词用法使用的名称不同,所指涉的用法也不尽相同。有的将之称为纵予连词(太田辰夫,2003;张丽丽,2009),有的称为让步连词(Liu,1993;邢志群,2005;孙锡信,2005)。按照黎锦熙(1924)、吕叔湘(1956)的说法,让步连词包括对既有事实、理由的让步和对假定事实的让步,后者是太田辰夫所说的纵予连词。我们后面对"就"的研究中除了特别强调纵予用法以外,一般情况下笼统称之为让步连词,采用吕叔湘(1956)的提法,既包括对既有事实、理由的让步,也包括对假定事实的让步。

综上,对于"就"的连词用法的语法化的动因和机制有两种不同的看法,一种认为连词用法来自其他词语的类推,即错项移植,如孙锡信(2005),另一种则认为是"就"自身语义发展的结果,归结为认知动因,大多数学者持这一观点。我们认为孙锡信的论证还有一点值得商榷,他的错项移植理论建立在这样一个假设的基础上:让步用法应该由假设用法演化而来,"即"的演化就是如此,而"就"明显没有经过这一演化路径,因而只能是由"即"错项移植而来。问题是,"假设>让步"是否是让步连词产生的唯一路径,从世界语言的语法化过程来看,显然并非如此。类推的作用不能完全否认,但我们认为所谓的错项移植只能是诱因,并非发生演变的主要动因。

2.1.5 对各项用法的综合研究

邢志群(2005)运用主观化理论对"就"的演化进行了全面的分析,对"就"

的副词用法、介词用法和连词用法的演化过程都进行了说明。文章在考察了"就"在各个时期的用法之后,把"就"的发展主要分为3个阶段:义位的增加;句义的确定;话语功能的产生。贯穿3个阶段的主要机制是主观化。说话人或听话人对"就"的周边词的理解(第一个阶段)、对"就"所在句子的理解(第二个阶段),以及对"就"所在话语结构的理解(第三个阶段),直接影响"就"的意思,导致"就"的语义演变。由于汉语本身特点的影响,"就"的主观化贯穿其语义演化的始终。当然,邢志群也申明该研究并不是说主观化是"就"演化的唯一机制。

2.1.6 "就"与"便""即"的比较研究

对"就"的历时用法进行的考察通常与"便""即"进行对照。这当中比较有代表性的有太田辰夫(2003)、祝敏彻(1983)、李思明(1990)、李宗江(1997)、孙锡信(2005)、杨荣祥(2005)、张丽丽(2009、2012、2015a)等。

太田辰夫(2003)对"即""便""就"分条目进行说明时,涉及它们的相互关联。在说明"即"时,提到"即"用作纵予在古代汉语中似乎没有,但在后代的文言文中有这种用法,恐怕是中古或近古产生的。"即使"是这种"即"和使役的"使"复合而成的,在古代汉语中就有,表单纯的假设,而不是表转折。太田辰夫认为"即使"的让步用法是词的相因生义产生的。提到"便"时认为,较早的白话中也把"便"用于纵予,也有复合成为"便是""便总""就便"等的。"便"大致和古代汉语的"即"、近古汉语的"就"类似,中古时开始使用,它用于"纵予"可能是在五代时。

祝敏彻(1983)对《朱子语类辑略》中的"便"和"就"进行了对比分析,结论是在《朱子语类辑略》中,"便"主要做副词,而"就"主要做介词。

李思明(1990)对《水浒传》《金瓶梅》和《红楼梦》中"便"和"就"的副词用法进行了考察,采用定量分析与定性分析相结合的方法,结合语体功能对3本书中"就""便"的发展趋势进行了研究。值得一提的是李思明观察到"就"在《水浒传》和《金瓶梅》中有表示"就便""顺便"进行某种动作的用法。李思明(1991)又专门对《水浒传》中的"便"和"就"进行了全面的考察,比较了二者做副词、介词、连词和助词时的种种异同,并对二者的关系进行了分析,认为"便"和"就"存在历时更替关系。李思明(1991)还认为副词"就"由介词发展而来,这与梅祖麟(1984)的看法相同。

李宗江(1997)对"就""便""即"进行了综合考察,从语义基础、句法环境、演变路径、演变开始的时间等方面,运用统计分析的方法对3个词进行了比较研究。他认为"即"做时间副词早在先秦就有了,到汉代用例大量增加。"即"

词义演变的路线应该是"动词＞时间副词＞逻辑关系副词"。由动词的表示空间上的接近到副词的表示时间上的接近,再到表示逻辑关系,是"即"演变的语义基础。"即"经常出现于另一个动词之前构成连谓结构,是它由动词向副词虚化的结构基础。对于"就",李宗江认为"就"作为时间副词始见于元代,副词"就"来源于动词,其演变过程应该跟"即"相似。"就+NP+VP"作为一个连谓结构,是"就"语法化的关键句法环境,"就"的介词用法和副词用法都是在这个位置上发展而来的,因而"就"的介词用法和副词用法是平行关系,而不是链式关系。李宗江对梅祖麟(1984)提出的副词由介词发展而来的看法提出了不同意见。理由主要有二:第一,"就"从表方位意义的介词到表时间意义的副词,其中的关系不好解释。"今日到黄村宿,明日就那里上了坟。"梅祖麟认为这里发生了重新分析,即由"明日[就那里]"到"[明日就]那里",从而实现介词到副词的过渡。第二,没有见到其他副词由介词变来的先例。"即"也有介词用法,但其副词用法并不是由介词发展而来的。李宗江认为副词"便"的来源说不清楚。对于杨树达(《词诠》)所说的"便"的副词用法是由就便之义引申而来的,李宗江认为"此说难以确证",同时认为在"便"的诸项实词意义中,难以找到副词与某一实词意义之间令人信服的密切联系,是否为同音假借也有待进一步研究。李宗江认为"即""便""就"依次存在历时更替关系。李宗江对"即"和"就",尤其是对"就"的演化路径、演化机制的研究对我们有非常大的启发意义。

孙锡信(2005)认为"即""便""就"本来都是动词,后来都产生副词和连词的用法,但这3个词的虚化途径并不相同。"即"早在先秦就完成了从动词到副词再到连词的语法化过程,"即"从动词到连词有一根连续虚化的链条贯穿。"便"和"就"在长期的运用过程中也由动词虚化为副词和连词,却难以发现连续虚化的踪迹。"便"从汉代产生副词用法之后与"即"的意义、用法完全相同,长期通用,使人们产生类推心理,将"即"的让步连词用法("纵然"义)错项移植到"便"。"就"在虚化为副词以前就已用作让步连词,"就"的让步连词用法不是直接从动词"就"变来,而是由"即"错项移植而来。错项移植是一定机制作用的结果,包括认同心理、句法格式的移用和类同虚化的趋势。

杨荣祥(2005)认为"即""便""就"都具有"短时突发"义和顺承连接的功能,三者在语义基础和与句式的组合关系上几乎没有差别,三者的历时更替是语言新陈代谢的表现。对于"便"的副词用法的来源,杨荣祥认为可能由"便"的"便利"义虚化而来。

张丽丽(2009、2012、2015a)集中讨论了"即""便""就"的各种用法,包括时间副词用法(2015a)、承接副词用法(2012)、纵予用法(2009),关于"即"

"便""就"的演化路径和演化动因提出了不少新见。比如,针对动词"即""就"向副词转变,李宗江(1999)按照一般实词虚化由空间域到时间域再到逻辑域的演变路径,认为是"动词>表'立即'义动词>承接副词",然而张丽丽(2012)则提出相反的看法,认为先有逻辑关系,然后才有时间关系。张丽丽的研究十分注重把汉语的语法化放在世界语言大背景下观察,以寻求语言演变的共性和规律。

2.1.7 历时研究小结

历时研究集中在3点:第一是语法化的时间。随着对语料的不断发掘,又由于各位学者对语料的解读不同,对"即""便""就"的虚词用法产生的时间各家的看法不尽相同。比如对"就"的介词用法产生的时期有不同看法,有的认为在汉朝,有的认为在先秦时期。第二是对语法化路径的构拟。比如对副词"就"的演化路径存在两种看法:一种认为副词由介词发展而来,一种认为副词由动词虚化而来。又如对承接功能和"短时突发"义产生的先后顺序、对"就"做让步连词的产生路径等都有不同意见。第三是对"即""便""就"的语法化历程进行比较,追寻"即""便""就"演化的共性和个性。关于这3个词的语法化有两种观点:一种认为3个词依照自身的发展规律各自独立发展,大多数学者持这一观点;另一种认为它们在发展的过程中存在词义渗透、词义沾染,主要以孙锡信(2005)为代表。

2.2 共时的描写和解释

由于"即""便"现在使用频率较低,所以我们的共时研究主要针对"就"。从研究内容上看,在"就"的共时研究中,其副词用法最为复杂多样,因此成为主要的研究对象,本章不做说明的"就"均指其副词用法。共时研究可以根据研究内容分为两个阶段:第一个阶段,归纳"就"的基本功能,为"就"的多项功能建立联系;第二个阶段,关注"就"表主观量,以及"就"与"了$_2$"的共现、重音。

2.2.1 对"就"多项功能的描写和解释

描写必然要分类,在对"就"的功能进行描写时,各位学者的分类标准和描写框架不尽相同,导致"就"的义项从数项到数十项不等。有的研究只是单纯地描写,有的研究则在描写的基础上试图解释各项功能之间的内在关联。相对来说,国内学者重描写,国外学者重解释,理论自觉性较强,当然描写本身也是一种解释。

1. 国内对"就"的描写

针对"就"的语义的归纳,国内各位学者的宽严尺度差异很大,有的追求尽量细化,分出的类别自然多,有的追求高度归纳,得出的语义项目就少。

王还(1956)较早对"就"进行了描写,把"就"的功能归纳为5类。(1)表示时间,"就"表示说话人认为时间早,或是快,或是少,如"他1958年就到北京来了"。(2)表示数量,"就"表示说话人心理上觉得少,如"他吃了两碗饭就不吃了"。(3)表示条件,"就"表示前面的条件要求低或者理由不是很充足,如"你用功就能学好"。(4)表示"只"义,如"我就有五块钱,不够买书的"。(5)在动词前表示时态,表示动作即将发生,相当于"将要、就要"的意思,如"他就来,正在穿大衣"。由于王还是对"就"的较为早期的研究,同时主要目的是服务于汉语教学,因此主要是对"就"的细致描写,并未涉及各项功能之间的联系,但其对"就"的功能的归纳为后来的研究建立了一个基本的描写框架,其后几十年中关于"就"的功能描写几乎都没有超出这个范围。

马欣华、常敬宇(1980)可谓是对"就"的意义进行分项描写最为细致的研究者,其对"就"的动词、副词和介词用法进行了归纳和分析,光副词用法就列出了17项之多(通常认为的表让步的连词用法也被列在副词用法中),分项不可谓不细,但只是用法的简单罗列,缺乏合理的归纳,显得学理性不强。

古样(1984)将"就"的基本语义归纳为两个:"少"(就$_1$)、"仅限"(就$_2$)。就$_1$在语义上可以指前,也可以指后,主要是强调数量少,同时也包括时间早、快、条件宽泛等;就$_2$指后,用来限制范围。虽然区分的标准值得商榷,但古样认为表语气的义项应归为"仅限"义,这一点颇有见地。

陆丙甫(1984)把"就"的用法分为前摄和后摄两类。所谓前摄和后摄是指"就"强调的成分,即与"就"直接发生语义关系的成分和"就"的相对位置,强调的成分在"就"前,称为前摄,反之则称为后摄。前摄的"就"包括5种用法:强调时间少;强调两事相距近;限制推理过程;表示现成的话题;强调数量少。后摄的"就"有两种情况:表示后置的范围小,数量少;限制主观选择范围,强调主观态度。陆丙甫在分类的基础上对"就"的基本语义进行了高度概括,即副词"就"的基本作用是限制范围,这一意义不仅可以辐射各小类的用法,而且与"就"的介词和动词用法相通。陆丙甫(1984)是为数不多试图将"就"的副词、动词、介词各种用法打通的研究。

张旭(1999)认为"就"有一个核心意义,即"对实际语境相对于预设语境估价作用的语义值"。

范立珂(2007,2008,2009a)对副词"就"的语义进行了归纳,得出两个基本语义:较快衔接和限制。范立珂(2009b)还构拟了"就"的意象图式:"趋近——达成"。

刘林(2013)是从焦点标记角度对"就"展开研究的,从语义结构参项和使用领域两个维度对"就"的语义特点进行了考察。从语义结构参项入手,"就"可以有如下用法:表时间;表数量;表限定;表示逻辑推理;表达语篇作用;表示语气。各个大类内部又细分为许多小类。从"就"的使用领域来看,刘林借鉴了沈家煊(2003、2008)的行域、知域、言域理论,将"就"的各种用法分别归属于3个域,其中时间、数量、限制属于行域,逻辑推理和语篇作用属于知域,而语气属于言域。事实上,该文研究所采用的维度不止上面两个,还有语义关联项和量级两个维度。根据"就"的直接语义关联项的个数,将"就"分为Ⅰ型和Ⅱ型两类,又根据是否表示量级关系分为量级用法和非量级用法,并将这两个维度组合起来,分为Ⅰ型量级式、Ⅰ型非量级式和Ⅱ型量级式。在语义结构上,把"就"分为"就$_1$"和"就$_2$","就$_1$"为Ⅱ型量级式,"就$_2$"为Ⅰ型"就"。刘林(2013)从多个维度对"就"的语义进行了归纳,但也正因为维度过多,显得凌乱,不够清晰。该文颇富启发意义的是,共时语义描写注意到了"就"的语篇功能,历时方面推测"就"表限定的用法来源于介词。

2. 国外对"就"的解释

白梅丽(1987)运用语义分析的方法对"就"的功能进行了描写和解释,提到了"就"的6种用法:体;时;数量;条件用法(一种可能对多种可能);等同;限制(相当于"只")。其中体、时、数量、条件用法、限制与王还(1956)归纳的用法分别对应。等同指的是这样的用法:"光回收废品一项,他们就给国家节约了两万元"及"他从来就不抽烟"。体、时、数量可以归纳为标志语义上的增值,条件用法又被称为情态,表可能性。在逻辑上,等同和限制是密切联系的,因此二者的语义直接相关。白梅丽实际上把"就"的语义归纳为了3个——增值、可能性和等同(限制),而且分析了它们之间的语义关联。文中还运用类型学的方法,引入其他语言,如荷兰语、德语、南美的西班牙语,以及波兰语等来说明"就"和"才"的对立和中立("就"可以替换"才")现象在世界语言中是比较普遍的现象,这一论证直接引发了沈家煊(1999)将"就"视为无标记项而将"才"视为有标记项的研究。文中使用的"说话人的期望"这一提法对后来的研究产生了较大的影响,比如Lai(1995)、张旭(1999)等从预期的角度对"就"和"才"进行了对比研究。白梅丽(1987)的研究视野开阔、"思路清晰、分析透彻,是同类分析中最具特色的一篇"(齐沪扬,2002)。

国外学者对"就"进行研究的代表性成果还有Biq(1984)和Lai(1995)。Biq(1984)根据句子的焦点类型把"就"分为限制用法(limiting usage)、时间用法(temporal usage)、强调用法(emphatic usage)、参数用法(parametric usage)4类。对"就"的基本功能的研究结论也是在与"才"对比的基础上得出的,"就"和"才"都是聚焦副词,"才"标记否定预期的聚焦,而"就"标识简单聚焦。Lai(1995)把"就"分为时间用法(temporal use)、限制用法(restrictive use)、条件用法(conditional use)、强调用法(emphatic use)4种,与Biq(1984)基本相同。文章也是将"就"与"才"进行对比研究,对于"就"的基本语义结构,Lai的观点是"就"表示对预期的否认,其预设一个命题的真值状态发生了变化,并且该变化发生在与预期点不同的点上。"就"表示其断言值在量级上处于预期值的下方,即表示早于或少于预期。该文主要运用形式语义学的分析方法,另外在进行"就"和"才"的对比分析中,引入了"了$_2$",解释了"就"与"了$_2$"能够共现,而"才"与"了$_2$"通常不能共现。关于"就"与"了$_2$"的共现问题成为后来研究的热点之一。

2.2.2 "就"表主观量

对"就"的研究多集中在其与"才"的对比研究上,二者的对比研究几乎全部涉及主观量的问题。对"就"的主观量的研究归纳起来涉及两个主要问题:"就"是单指还是双指的问题;指后的表量大小的问题。

目前来看,对"就"的语义指向有两种观点:一种为单指,另一种为双指。持双指观点的学者同时承认"就"也可以单指。持单指观点的学者认为,"就"或指前,或指后,比如陆丙甫(1984)、陈小荷(1994)、周守晋(2004)、蒋静忠(2012)等,从白梅丽(1987)所举例证来看,其也持单指的观点。李宇明(2000)、刘林(2013)、金立鑫(2014)等则持双指的观点,认为"就"可同时指前和指后。

"就"指前时表主观小量,这一点基本没有争议,但是"就"后指时究竟表示大量还是小量则见仁见智。王还(1956)、陆丙甫(1984)、白梅丽(1987)、陈小荷(1994)、周守晋(2004)、蒋静忠(2010)等都持"就"表小量的观点。对于"就"的后项表小量,各家的表述也有所不同。王还(1956)认为"就"前指表主观小量,而后指则有"只"的意思,即表小量。陆丙甫(1984)认为,副词"就"的基本作用是限制范围,因此往往带有强调少量的语气。陈小荷(1994)认为"就"不论前指还是后指,都表示主观小量。至于有时我们觉得"就"的后项表示主观大量,那是由于前后项对比而产生的,比如"五岁的孩子就能认两百多个字",两百多个字之多并非"就"产生的意义。

认为"就"有时表大量有时表小量的研究有马真(1981)、Lai(1995)、范立珂(1997)、刘林(2013)、金立鑫(2014)等。马真(1981)认为"就Y"有时表示大量,如"这小伙子能吃着呢,一顿就四大碗干饭";有时表示小量,如"我也就四分,考得并不理想"。从中可以看出,马真当时已经提出了副词"就"表主观量的用法,并认为虽然"才"和"就"都表示数量少,但又有所不同:"才"在说话人看来太少了,"就"表示在说话人看来并不多。但是对于"就"的语义为何"时大时小",马真并未进行解释。金立鑫(2014)和范立珂(2007)的结论基本相同:"X 就 Y 了"表示较快衔接,"就 Y"为主观大量;"X 就 Y"则有歧义,有时表主观大量,有时表限制,表限制时则表主观小量。

2.2.3 "就"与"了$_2$"的共现问题

关于"就"与"了$_2$"的共现问题也引起了许多学者的兴趣。

岳中奇(2003)认为:"'就'所强调的信息中心表述了所述事件已经超过预设标准的实现或完成的相对体意义,当句子的绝对体意义和相对体意义一致时,谓语中心后常须附着动态助词'了$_1$'。有时为了凸显和确认其相对的体意义,谓语中心语后的动态助词'了$_1$'可移于句末。当句子的绝对体不同于相对体、具有未实现或未完成的意义时,其谓语中心后则排斥动态助词'了$_1$';但仍可在句末附着动态助词兼语气助词'了$_2$',以对其所述事件在预设标准之前即将实现或完成的'趋近'之相对体意义予以凸显和确认。"

祝东平(2008)认为"就"句中"了$_2$"的隐现原因,并不是它所表达的主观量,而是其客观语义基础,即"就"表示的是两个历时过程相接发生,"时间词+就VP"中的时间词所表示的时点是不断流逝的时间流中一个滚动的点,"就"字句中"了$_2$"的隐现与其中动词的自主性、非自主性相关。

范立珂(2009)从现代汉语副词"就"的两个意义出发来考察"就"在表示时间、数量、条件时在句中与"了$_2$"的隐现情况,其基本观点是,"就"的"达成"即"完成",而"了$_2$"的基本语法意义之一是表示"完成",如果"就"取"趋近而未达成"义,则一般不与"了$_2$"共现;如果"就"表"趋近并达成"义,则一定与"了$_2$"共现,有强制性;如果"就"表"限制"义,也不能与"了$_2$"共现。比如"50块钱就买一条裤子了",范立珂认为有"了$_2$",则强制性地决定了"就"表衔接义,表示"裤子便宜"。其实在我们看来,该句还可以表达这样的意义——"以前50块钱能买一大家子的衣服,现在50块钱就买一条裤子了",表示"50块钱贬值了""裤子贵了"。所以,简单地将"了$_2$"归结为"完成"义还不足以解释"就"与"了$_2$"共现的复杂语义现象。

刘林(2013)认为"就"与"了$_2$"共现与其在预期与事实的关系上所表现出来的肯定性与否定性有关,表现为肯定性时,与"了$_2$"共现,表现为否定性时,不与"了$_2$"共现。Ⅰ型"就"具有动态肯定性,表示达到或超出预期,从而对焦点命题变化的实现进行肯定,因此倾向于与表示动态变化的"了₂"共现。

金立鑫(2013)认为"就"句中的事件时间早于预期时间,事件的发生早于预料,具有新闻性,与句尾"了"兼容。金立鑫对"了₂"的作用说明得比较准确,但对"就"下的结论却有失偏颇,并非所有的"就"所在的句子的事件时间都早于预期时间。但无论是早还是晚,"了₂"都可以因其标示新闻性而表达出变化、结果之义。

2.2.4 重音

"就"表主观量与重音密切相关,早期的研究就注意到了这一点,如马真(1981)、陆丙甫(1984)、陈小荷(1994)等。马真(1981)说明得最为详细:如果"就"前没有别的成分,那一定言少,不管重音是在"就"上还是在数词上。如果"就"前有别的成分,而这一成分不是重音所在,也还是言少。如果"就"前的成分是重音所在,而"就"之后(包括"就"在内)无重音,那一定是言多。如果"就"前的成分是重音所在,而"就"之后另有重音(不管是在"就"上还是在数词上),则也还是言少,不过,"就"前的成分之后一定有短暂的停顿。

陆丙甫(1984)也提到重音问题,认为前摄的"就",重音一般落在前置成分上,后摄的"就",重音总是落在"就"上。陈小荷(1994)与陆丙甫(1984)的看法基本相同,只是把重音和语义指向联系起来。陈小荷认为,在形式上,用于前指时,句重音在副词之前;用于后指时,句重音在副词之后("就"本身也可重读,以表示后指)。

由于重音与语义指向的关系非常清楚,各位学者基本没有争议,因此后来的研究基本默认马真、陈小荷的说法。值得一提的是,徐以中(2010)采用实验语音学手段对副词"就"与"才"的歧义及其韵律特征(重读)进行了研究。运用实验语音学手段进行研究,弥补了听感的不足,使得副词的语音分析走向精细化、科学化,这一研究对提高语音合成的自然度和语音识别的准确度具有一定的参考价值。

2.2.5 理论和方法的发展

从王还(1956)起,至今对"就"的研究仍然是汉语语法学界研究的热点之一,根本原因是对"就"的语义功能仍然没有得出令人满意的结论,因此研究者们不断尝试运用新的理论和方法开展研究,试图有所突破。我们能看到的有语义指向理论(陈小荷,1994)、选项语义学理论(蒋静忠,2010)、焦点理论(刘林,2013)、历时和共时相结合的方法(周守晋,2004)、语言学的实验室方法(金立鑫,2014)等。

陈小荷(1994)最早明确提出主观量概念,并在"就"的主观量研究中首次明确使用语义指向理论。文章用前指、后指和语义指向等语义概念对"就"的用法进行了具体分析。主观量是含有主观评价意义的量,与客观量相对立。在语义上,副词可能指向谓词性成分,也可能指向名词性成分。副词在语义上指向名词性成分时,可能指向其前面的名词性成分,也可能指向其后面的名词性成分。我们把前一种情况称为前指,把后一种情况称为后指。此后关于"就"的研究几乎无一例外都运用了语义指向理论,而"就"表主观量的用法也成为学界长盛不衰的研究热点。

蒋静忠(2010)在焦点选项语义学理论框架下,对"就"和"才"后指的语义差异进行了分析。文章认为"就"后指时有两个义项,"就 A"和"就 B"。"就 A"的语义功能跟"才"相同:引出等级序列;肯定焦点及其蕴含的选项,否定其他选项。"就 B"的语义功能为肯定焦点,否定其他选项,跟"只"相同。文章主要针对 Biq(1984)的一些遗留问题提出了质疑,运用焦点的选项语义学理论对"就"和"才"后指的情况进行了研究。

刘林(2013)引入焦点理论研究"就",涉及焦点结构、焦点关联、焦点标记词等,同时也将共时研究和历时研究相结合,试图解释"就"的各种用法间的内在联系。但是,刘林的历时研究并没有运用第一手的历时语料,而是以他人的研究成果为基础进行归纳和理论推导。

周守晋(2004)将共时研究和历时研究相结合,用历时解释共时,使用起点化和终点化两个关键概念,试图理清以下内容:表达主观量的语义机制;"就"的基本作用;"就"语义指向的成因和制约条件等。文章认为,"就"的基本作用就是使前后的表量成分起点化和终点化,这是其表达主观量的语义基础。"就"指前为"起点"义,指后为"终点"义,"才"则相反。"就"前指为"起点[+不足]",后指为"终点[+不足]",因此前指、后指都表主观小量。但同样是终点化,为何"才"的前项表大量,而"就"的后项表小量,周守晋并没有进一步解释。周守晋对"就"进行历时分析后得出的结论为:现代汉语副词"就"由趋止动词发展而来,其基本语义表示限止。从功能发展的外部条件来看,语义关系、句法结构的分化使"就"的限止作用表现为不同的形式——前指和后指;从内在的语义制约来看,功能发展又是沿着语义构成要素所提供的不同方向进行的,"就"的前指和后指是其时体特征"短暂[+达成]"进一步抽象分化的结果。该文对"就"的历时演化过程的描写稍显简单,但其中一个发现非常有价值,就是对于"VP_1,就+方所+VP_2"的用法,作者认为其并非简单地介引方所,"就"的作用在于把 VP_2 的行为限止在与 VP_1 有关的方所上,从而使 VP_2 与 VP_1 在空间及时间上相承继。这种作用是"到""在""于"等所不具备的。

金立鑫(2014)明确提出采用语言学的实验室方法,从最简结构开始,运用分布分析法及扩展的结构分布分析法对"就"的最简结构和扩展结构进行描写,力求对"就"的主观量表达做出统一解释。所谓实验室方法,是指确认并认证某个常量,在此基础上逐一加入不同的变量,每加入一个变量必须观察:加入变量前后是否引起变异(研究者所关注的领域内的变异或预期变异)。假定加入的变量不改变原结构的功能或性质,可以认为该变量与原结构和谐,该变量基本不起本质性作用(或许会有辅助作用)。但文章并没有在已有结论上有所创新,更像是运用一种新的方法对已有结论的一种验证。

2.2.6 共时研究小结

对"就"的共时用法的研究,从1956年至2024年,已经60多年,但学界的研究热情始终不减。"就"的虚词用法,尤其是副词用法非常复杂,因此目前主要针对"就"的副词用法进行研究。尽管已经有非常多的研究者关注这个问题,也取得了相当多的研究成果,但在一些关键性的问题上,如在"就"的基本语义、"就"的主观量、"就"与"了$_2$"的共现等问题上还存在分歧。为了解决这些问题,研究者们尝试了各种理论和方法,如语义指向理论、选项语义学理论、焦点理论等,但不得不说目前对"就"的描写,尤其是解释仍然算不上充分,包括对"就"表主观量的问题至今仍然没有令人信服的解释,研究者们依然在不断尝试运用新的理论和方法进行描写和解释,比如沈阳(2015)试图运用交叉反向赋值来解释"就"与"才"在表主观量上的对立。

张谊生(2000)所做的总结可以看作是对目前共时研究的一个整体性评价:"而以往的副词分类,又几乎都是以意义为标准的,以致各小类之间舛互、重合屡见不鲜。虽然人们已经从不同的角度进行了多方面的探索和研究,可迄今仍然没能达成共识和取得实质性的进展。其原因当然是多方面的,但其中最为关键的是:以往的归类和分类都没有将共时的差异同历时的演变结合起来。"

将共时差异与历时演变相结合正是我们努力的方向。

2.3 小结

综观目前"就"的研究,从研究方法来看,不断引入新的理论和方法确实为"就"的研究带来了活力,有的研究的确解释力较强,但有些研究方法似乎只是为了采用而采用,对解决实际问题并没有太大的帮助。

从研究范围来看,现有对"就"的研究失之过细,共时研究都集中在副词用法上,副词用法中又主要探讨表达主观量的用法,而忽视了各用法之间的关联;历时研究基本只是孤立地讨论"就",这大概是受到语料库研究方法的影响,语料库研究方法固然为研究带来了便利,但往往使人忽视对文献的整体感知,包括使用词语的大的语言环境,以及与同时期其他词语的关系等。不断细化是科学研究所必需的,但同时宏观地看待问题也是必需的,否则就会犯盲人摸象的错误。

第 3 章 "就"的语法化

3.1 引言

"就"在上古汉语中是一个表示"趋近"义的动词,发展到现代汉语才具有动词、介词、副词和连词等多种用法。本章我们通过考察不同历史时期"就"的句法表现及语用功能,具体阐述这一演变的发生过程,并尝试用语法化理论和认知理论探求其发生的动因、机制和路径。

以往对"就"的历时研究主要分为两类:一类是针对某一历史时期的文献或者某一部文献中的"就",如梅祖麟(1984)、曹广顺(1987)、祝敏彻(1983)、李思明(1990)等;另一类是对"就"的某一种用法的专门研究,如副词研究有李宗江(1997)、张谊生(2000)等,介词研究有马贝加(1997、1998)、王锳(1992、2004)等,表主观量用法的研究有周守晋(2004),纵予连词用法的研究有张丽丽(2009),承接功能的研究有张丽丽(2012),时间副词的研究有张丽丽(2015)等。以上研究采用自古而今的方式,力求全面描写"就"的各种用法的产生和发展过程,阐明"就"语法化的几个典型步骤,分析其动因和演化机制。下面我们依据"就"的主要用法的发生时间,大致分为 3 个时期进行考察:先秦、两汉时期;魏晋至北宋时期;南宋、元、明、清时期。

3.2 先秦、两汉时期"就"的主要用法

在先秦时期,"就"主要做动词,分为不及物动词和及物动词两类。"就"做不及物动词表"成就"义,这一意义一直沿用到现在,只是已经成为一个黏着形式,不能独立使用。"就"的语法化源于它的及物动词用法,即表"位移"义的"就"。这一时期,"就"主要为实词用法,但"就"的使用语境呈现泛化的趋势,为"就"的语义虚化和功能扩展提供了可能。

西汉时期已经出现"就"做介词的用法,到东汉时期又进一步发展出让步连词的用法。

3.2.1 "就"做不及物动词

先秦、两汉时期,"就"的不及物动词的用法十分常见,表"成也"(许慎《说

文解字》），即"成就"义。

(1)巧匠为官室,为圆必以规,为方必以矩,为平直必以准绳。功已[**就**],不知规矩绳墨,而赏匠巧匠之。　　　　　　　　　　　【战国《吕氏春秋》】

有时后接宾语,为使动用法,表示"实现""完成"的意义。

(2)西门豹为邺令,而辞乎魏文侯。文侯曰:"子往矣,必[**就**]子之功,而成子之名。"西门豹曰:"敢问[**就**]功成名,亦有术乎?"　　【西汉《战国策》】

"就"的不及物动词用法直到现代汉语还有留存,但只见于固定短语中,已经不能作为自由词使用,如"功成名就"等。

3.2.2 "就"做及物动词

语法化的一个重要因素是,发生语法化的词汇项在意义上具有概括性。这种概括性的具体表现是该词汇项可以运用于各种各样的语境中,从而实现语法功能的泛化。先秦时期"就"的语用环境呈现出多样性。下面我们对"就"的宾语类型和主语类型,以及"就"用于连谓结构的情况进行具体论述。

1."就"的宾语类型

"就"做及物动词表示"趋止于某处",后可接体词性宾语,也可接谓词性宾语,体词性宾语可以是具体事物,也可以是抽象事物,具体事物既可以是表处所的,也可以是表人的。

(1)后接体词性宾语。

宾语为具体事物,可为处所名词:

(3)古之民,未知为官室时,[**就**]陵阜而居,穴而处。　　　【战国《墨子》】
(4)秦伯使辞焉,曰:"寡人闻命矣。子姑[**就**]馆,将图而告。"

【春秋《左传》】

或为方位名词:

(5)诚如是也,民归之,由水之[**就**]下,沛然谁能御之?　　【战国《孟子》】
(6)譬之犹火之[**就**]上、水之[**就**]下也。

【战国《墨子》】

或为普通名词,表处所:

(7)禹趋[**就**]下风,问曰……　　　　　　　　　　【战国《吕氏春秋》】
(8)对曰:"……又如是而嫁,则[**就**]木焉。请待子。"　　【春秋《左传》】

宾语为"人",仍可视为"其人所在的处所":

(9)孤日夜相继,匍匐[**就**]君。　　　　　　　　　　　　【春秋《国语》】
(10)王乃步[**就**]王孙雒曰……　　　　　　　　　　　【春秋《国语》】

宾语为代词：

(11)（孟子）语人曰："……[**就**]之而不见所畏焉。" 【战国《孟子》】

(12)帝使其子九男二女，百官牛羊仓廪备，以事舜于畎亩之中。天下之士多[**就**]之者，帝将胥天下而迁之焉。 【战国《孟子》】

宾语为抽象事物：

(13)惟古之谋人，则曰未[**就**]予忌。 【周《尚书》】

(14)故天下小国诸侯既许桓公，莫之敢背，[**就**]其利而信其仁、畏其武。 【春秋《国语》】

(15)季康子问政于孔子曰："如杀无道，以[**就**]有道，何如？" 【春秋《论语》】

(16)知万民皆知所避[**就**]，避祸[**就**]福…… 【战国《商君书》】

(2)后接谓词性宾语。

"就"后可接形容词：

(17)子曰："同声相应，同气相求。水流湿，火[**就**]燥，云从龙，风从虎，圣人作而万物睹。" 【周《周易》】

(18)去故乡而[**就**]远兮，遵江、夏以流亡。 【战国《楚辞》】

(19)人谓子产："[**就**]直助强。" 【春秋《左传》】

"就"后可接动词：

(20)"杀身赎国，忠也。"乃[**就**]烹，据鼎耳而疾号曰："自今以往，知忠以事君者，与詹同。" 【春秋《国语》】

(21)彼实构吾二君，寡君若得而食之，不厌，君何辱讨焉？使归[**就**]戮于秦，以逞寡君之志，若何？ 【春秋《左传》】

无论是形容词还是动词，都可以视为转指处所，如"火就燥"中"燥"为"干燥的事物"，因此这里的"就"仍为表"趋止"义动词。"就"后接动词，表示实行、承受（某动作行为），常常带有被动的意味。

2."就"的主语类型

"就"做及物动词，主语多为表人的名词，也有非人的名词做主语的情况：

(22)故木受绳则直，金[**就**]砺则利，君子博学而日参省乎己，则知明而行无过矣。 【战国《荀子》】

(23)施薪若一，火[**就**]燥也；平地若一，水[**就**]湿也。 【战国《荀子》】

这里"就"的宾语为处所，我们仍将"就"视为动词。

3."就"用于连谓结构

先秦、两汉时期，"就"已开始用于连谓结构中，构成"就 + NP + (而) VP"

的结构。

(24) 王曰:"夫子休[**就**]舍,待命令设戏请夫子。"　　【战国《庄子》】

(25) 子贡对齐景公曰:"臣之事仲尼,譬如渴而操杯器[**就**]江海饮,满腹而去,又焉知看江海之深?"　　【东汉《新论》】

(26) 公[**就**]晏子而止之曰……　　【战国《晏子春秋》】

(27) 子曰:"君子食无求饱,居无求安,敏于事而慎于言,[**就**]有道而正焉,可谓好学也已。"　　【春秋《论语》】

(27)中的"就有道而正焉"应理解为"到有贤德的人那里去匡正自己"。

有时,"就"后的 NP 可以省略:

(28) 昧明,王乃秉枹,亲[**就**]鸣钟鼓……　　【春秋《国语》】

(29) 歌终,喟然叹而流涕。公[**就**]止之曰……　　【战国《晏子春秋》】

(30) 莽藏室中地隅间,校尉公孙宾[**就**]斩莽头。　　【东汉《前汉纪》】

这种省略多为承接前文而省略,如(29)"就(晏子)"、(30)"就(莽)"等,但也有蒙后文而省的,如(28)"就(钟鼓)鸣钟鼓"。

4. "就"做及物动词小结

"就"做及物动词,宾语可以是体词性的,也可以是谓词性的;可以是具体事物,也可以是抽象事物;其主语可以是人,也可以是事物。我们用图 3.1 来表明先秦、两汉时期"就"做及物动词的句法语义环境。

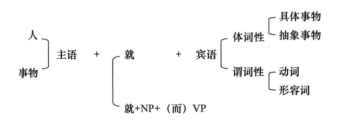

图 3.1　先秦、两汉时期"就"做及物动词的句法语义环境

"就"的词汇意义为"趋止(于某处)",具有高度概括性。正如 Hopper & Traugott 所说,经历语法化的词汇意义一般来说都是非常概括的。像 whisper (低语)、chortle(咯咯笑)等词语一般不会发生语法化。随着这些意义概括的词汇项具有了语法功能,它们在越来越广泛的语境中得以泛化,即获得更广泛的分布和更多的义项。"就"的语法化之路正是这样展开的。

3.2.3 "就"的介词用法

1. 介词用法的产生

西汉时期某些用例中,不论是具体的位移义,还是抽象的位移义,"就"已失去位移义,开始表示"趁着、依凭"之义。

(31)因高而为台,[**就**]下而为池,各[**就**]其势,不敢更为。

【西汉《淮南子》】

(31)中的"各就其势"指明了"就"与"因"同义,表示"趁便、依凭"。(31)中的"就"后为方位名词,"就"后还可以是一个小句,如(32),作为后面VP的方式或条件:

(32)夫一杨叶射而中之,中之一再,行败穿不可复射矣。如[**就**]叶悬于树而射之,虽不欲射叶,杨叶繁茂,自中之矣。是必使上取杨叶,一一更置地而射之也。

【东汉《论衡》】

如果说(31)(32)中的"就"在词义上已经有了变化,但在句法上仍然表现为动词的话,那么(33)则可视为介词用法真正出现了,而且"就"从介引方式、条件迅速发展出引领对象的用法。

(33)谓《论衡》之成,犹六十四卦,而又非也。六十四卦以状衍增益,其卦溢,其数多。今《论衡》[**就**]世俗之书,订其真伪,辩其实虚,非造始更为,无本于前也。儒生[**就**]先师之说,诘而难之,文吏[**就**]狱之事,覆而考之,谓《论衡》为作,儒生、文吏谓作乎?

【东汉《论衡》】

这里的"就+NP+VP"中"就"引领的 NP 为后面 VP 的动作对象,即"订'世俗之书'真伪""辩'世俗之书'实虚"等。"就+NP"为介词短语,VP 如果为连谓结构,"而"出现在连谓结构中,如"诘而难之""覆而考之"。

"就"的介词用法经魏晋①以降的传承,一直沿用至现代。

关于"就"的介词用法产生的时期,马贝加和王锳分别发表过看法。马贝加(1997)认为"就"发展出介词用法,"不会迟于晋、南北朝时期",但并没有确切指出介词用法具体出现的时期。王锳(2004)认为"就"的介词用法可以"上溯到秦汉",所举的例子中有"犹水之就下《孟子·离娄上》"和"就师学问无

---

① 杨荣祥认为《三国志》中有些"就"颇似时间副词,如:"我信其伪降,就封殖之,崇其位号,定其君臣,是为虎傅翼也。"(《魏书·程郭董刘蒋刘传》注引《傅子》)"矫曰:'此自臣职分,非陛下所宜临也。若臣不称其职,则请就黜退。陛下宜练。'帝惭,回车而反。"(《魏书·桓二陈徐卫卢传》)依据张丽丽(2012)所说,东汉六朝时期封官的方式可分为两种,一种为入京受封,一种为在任职地就地受封。如果此说成立,则"就黜退"应该也可以理解为"就地罢黜"。"吴王诈病不朝,就赐几杖。"(《史记·孝文本纪》)中的"就赐"也可以理解为"就地赏赐"。此种用法还是可以理解为介词用法。姑且存此一说。

方,心志不通,身之罪也(《榖梁传》)"。我们认为这两例中的"就"仍然为动词用法,不是介词用法。王锳(2004)还举了西汉时期的一个例子:"搜、略,求也。秦、晋之间曰搜,就室曰搜,于道曰略。略,强取也。"(《方言》)王锳认为因为"就"与"于"对举,同样介出处所,所以虚化的程度也相同,都是介词用法。我们认为这里的"就"也不是非解释为介词不可,视为"位移"义也未尝不可,"登堂入室叫作搜"也解释得通,所以这并不是"就"虚化为介词的典型用例。

根据我们的观察,西汉时期"就"的词义开始发生变化,由"位移"义发展为"趁便、依凭"义,到东汉时期已经出现介词的用例。

2. 介词用法产生的动因和路径

"就"的词义演化是"就"发展为介词的语义基础,特殊语境是"就"发展为介词的必要前提。多数情况下,"就 NP"仍表示"趋止于某处",但在有些用例中,"就 NP"只能理解为"就着、就(之)便",如上文的(31)(32),较为典型的还有(34)(35)的"就(之)留兵屯田""就车中"等。

(34)车驾幸广陵,济表水道难通,又上《三州论》以讽帝。帝不从,于是战船数千皆滞不得行。议者欲[就]留兵屯田,济以为东近湖,北临淮,若水盛时,贼易为寇,不可安屯。 【西晋《三国志》】

(34)中由于"战船数千皆滞不得行",只能待在原地不动,"就"做位移动词解释是不合理的,因此,"就"只能表示"就地"。"就"在此处应为介词用法,且宾语省略。

(35)韩后与范同载,[就]车中裂二丈与范。 【南北朝《世说新语》】

同样,如果将"就车中"理解为"到车中去",与"同载"语义冲突,这里的"就"应表示"趁着(在车里)"。

(34)(35)中的"就"已失去"位移"的实词义,"就(+NP)+VP"结构中的"就(+NP)"应视为介词短语。

"就+NP"从"位移"到"就着、就(之)便",可视为由"路径"到"终点"意象图式的转换。认知语言学的意象图式理论认为基于人类生活经验的意象图式的自然转换是语言形式产生多义的来源。Lakoff(1987)指出,意象图式之间存在着某些非常自然的关系,这样的关系引发了大量多义现象。他把这种关系称为意象图式的转换,认为它对辐射范畴的形成起到了关键性的作用。Lakoff(1987)指出:"It is common for words that have an image schema with a path to also have the corresponding image schema with a focus on the end point of the path."Taylor(2003)对英语单词 over 进行了分析,指出 over 一词在表空间关系时有诸多用法,其中 he lives over the hill 中 over (the hill)勾勒的不是移动的路径,而是路径的终点。可见由"路径"到"终点"是十分常见的意象图式的转换方式。其中的经验基础十分明显:我们的目光常常沿着路径追踪一个移动的物体,直到它停下来,这时注意的焦点就自然地落在其终点上。此外,物体沿着某个路径移动也往往是为了到达某个终点。日常这种较普遍的现象使"路径"到"终点"的图式转换成为一个非常自然的语义引申原则,从语法化理论来看,属于转喻动因。

但(35)中将"就"理解为"终点"还不够,事实上,较为全面的解读应该是"就着(在某处)之便"。从语境可以看出,该句的前文是"宣洁行廉约,韩豫章(豫章太守韩康伯)遗绢百匹,不受。减五十匹,复不受。如是减半,遂至一匹,既终不受"。韩豫章多次(遣人)送绢,范宣一直不肯接受,后来韩豫章邀请范宣一同乘车,趁着在车里撕了两丈绢给范宣。

"路径—终点"的意象图式转换属于认知语言学的解释,而其动因应该来自语用,即语境诱使推理的作用。如果没有这样一个特殊的语境出现,"就 + NP + VP"可能一直是一个连动结构。

《世说新语》中另有一例:

(36)乳母抱儿在中庭……充[**就**]乳母手中呜之。【南北朝《世说新语》】

(36)的大意为:充从外面回来,乳母抱着儿子在中庭,儿子见到充高兴得雀跃,充走过去在乳母手里亲他。同样,这里的"就"应为"趁便"义。

从示例中可以看出,魏晋南北朝时期"就"的介词用法已经定型。

3."就"并非简单介引"处所":与"在"的比较

"就"并非简单的处所介词,前人的研究也注意到了这一点,如香坂顺一(1992)、周守晋(2004)、邢志群(2005)、张丽丽(2012)等。

我们这里说"就"并非表示简单的"在"义,这一点可以与当时"在"的用法加以比较。

(37)郑玄欲注《春秋传》,尚未成时,行与服子慎遇,宿客舍……服[**在**]外车上与人说已注《传》意,玄听之良久,多与己同。玄就车与语曰……

【南北朝《世说新语》】

(37)中的"在"与前面并无照应,因此单纯指处所。下面的例子更为明显。

(38)牵王丞相臂,与共载去。[**在**]车中照镜,语丞相曰……

【南北朝《世说新语》】

(38)的句意为:"拉着王丞相的胳膊,和他一起乘车离开。在车里照镜子,对丞相说。"同样是"共载",但用的是"在车中照镜",并没用"就车中照镜",因为"照镜"无须趁着在车中之便进行,"车中"只是处所。对比"就车中"与"在车中"两例,可以看出"就"具有"趁机、就便"之义。

《三国志》中也有类似的用例。

(39) 帝不忍市斩,欲[**就**]狱杀之。 【西晋《三国志》】

后一分句省略的主语应该是"帝",而"帝"通常不会亲自到狱里去杀人。因此,此例中的"就"已不宜理解为"位移"义。对比下面的例子:

(40) 而太祖果遣家中人[**就**]狱视逵。 【西晋《三国志》】

(40)中的"就"仍然表"位移"义,而"就狱杀之"则表示"趁在狱中杀之"。

4. "就"介引处所和对象用法的发展

两汉以后,"就"做介词的用法进一步发展,可以介引处所,也可以介引对象。

"就"介引处所,表示"就某处(之便)"。

(41) 师付法已,即离本座。至树下立,而举左手攀其树枝,寻则灭度。焚其舍利,则在树侧,不可移动。则[**就**]本处竖塔供养,诸天散花而雨宝衣,用散塔处。 【唐《祖堂集》】

(42) 师初住时,[**就**]村公乞牛栏为僧堂。 【唐《祖堂集》】

(43) 大愚才见,便拟棒师。师接得棒子,则便抱倒大愚,乃[**就**]其背,殴之数拳。 【唐《祖堂集》】

在《水浒传》中也出现多例,"就这里杀将起来,把东京劫掠一空""李逵也不答应他,便就地下掳了银子""就士兵身上,剥了两件衣服穿上""就那里穿过山路,取睦州不远了"。学者们注意到"就"和"在"既有共性,也有差异。"'就'有'从事'、'依照现有情况'、'顺便'的语气。"(香坂顺一,1992)

有时宾语"某处"可以省略,例如:

(44) 僧顾其仆,去街东第几家买花雌鸡一只来……命杀以具馔。杨氏子泣请曰:"……今日正启醮筵,举家内外久绝荤馔,乞以付邻家。"僧不可,必欲[**就**]煮食,既熟。就厅踞坐。 【南宋《夷坚志》】

(44)中"就煮食"意为"就(杨家)煮食"。

(45) 将银卖与市铺……得钱二十二千,[**就**]寄铺中,时取以供衣食费。 【南宋《夷坚志》】

"就"意为"就(市铺)"。

(46) 门前一池……积水所潴,极为污秽,盛春臭不可闻。一岁,忽清泚彻底,而其中藻荇葱葱然,染家至[**就**]以涤浴缣帛。 【南宋《夷坚志》】①

"就"意为"就(池水)"。

介词宾语为人,表示"某人处",也可以视为处所。"就+某人+VP"在两

---

① 对于这两例,我们与曹广顺(1987)的理解不同,曹广顺认为这里的"就"都是副词。

汉及魏晋时期也比较常见,但应该区分"就"做动词和介词的情况。

在魏晋时期的《世说新语》中,有多例"就+某人+VP",例如:

(47)刘真长为丹阳尹,许玄度出都[就]刘宿。床帷新丽,饮食甚丰。

(48)诸人莫当[就]卿谈。

(49)径[就]谢坐。

(50)王长史[就]简文索东阳云……

(51)司空郑冲驰遣信[就]阮籍求文。

(52)戴安道[就]范宣学。

这些用例中"就+某人+VP"还应看作连动结构,或者直接以人为位移目标,表示到某人那里去;或者后再接动词,如"就X宿"等,表示到某人那里做某事,即其中的"就"依然表"位移"义。

到了唐五代的《祖堂集》中,这种"就+某人+VP"也有了"趁便"义。

(53)昨日到沩山,沩山和尚[就]某甲索此珠,直得无言可对。

(53)中"就"由于语境"到沩山"的作用,而失去了"位移"义,因此,应该视为介词用法。

南北朝时期,"就"后不仅引介处所、人,还可以引介谈论对象、动作对象。

由表示处所衍生表示对象、范围,除了上文提到的(33),在《三国志》裴注中也有用例:

(54)肃之所云,盖[就]汉制而为言耳。谓之为谬,乃是讥汉,非难肃也。

【西晋《三国志·魏书·钟繇华歆王朗传》,裴松之①语】

"就"的这类用法到了《朱子语类》中使用非常频繁,出现很多介引动作对象的用例。

(55)遇富贵,[就]富贵上做工夫;遇贫贱,[就]贫贱上做工夫。兵法一言甚佳:"因其势而利导之"也。 【南宋《朱子语类》】

(56)语孟中只一项事是一个道理。如孟子说仁义处,只[就]仁义上说道理;孔子答颜渊以"克己复礼",只[就]"克己复礼"上说道理。

【南宋《朱子语类》】

这种用法一直沿用到现代汉语。

5. 关于"就便"义用法的已有观点

虽然"就"的介词用法自两汉产生,魏晋以来进一步发展,但前人的研究中对"就"的这一用法缺乏关注。比如王云路、方一新(1992)的《中古汉语语词

---

① 裴松之(372—451),字世期,汉族,河东闻喜(今山西闻喜)人,后移居江南。南朝宋著名史学家,为《三国志》作注。

例释》和江蓝生(1988)的《魏晋南北朝小说词语汇释》中都不曾收录"就"词条。

注意到"就"有"就(之)便"义的有邢志群(2005)和张丽丽(2012),但二者对这一用法的词性有不同看法,邢志群认为是副词,张丽丽认为是动词。

邢志群(2005)的用例主要都是"就+NP+VP"省略NP的形式,形式上为"就+VP",所以他将其看作副词。

张丽丽之所以认为是动词,理由是"就+NP+VP"中,"就"后的宾语经常可以省略,而介词是不可以省略宾语的。事实上,"古汉语中零形回指(即不使用显性的代词形式来回指上文已经出现过的名词成分而采用空位形式)的出现频率大大高于现代汉语,现代汉语中一些不允许出现零形回指的句法位置,如介词的宾语位置,在古汉语中也是可以出现零形回指的,比如,'与'、'为'、'以'等介词后面的宾语位置就经常出现零形回指"(董秀芳,2002)。比如,"长女选入掖庭,桓帝以为贵人(《后汉书·窦何列传》)"。"以"后的宾语"长女"承前省略。

其实,判定介词和动词的主要依据是该用法是否能独立充当谓语中心语,显然表"趁着、依凭"义的"就"并不能独立充当谓语,所以应该视为介词。

学者们之所以不肯承认"就"的这种用法为介词用法,而是认定其为副词或动词,也许是为了避免违反语法化的单向性假设。

马贝加(1997、1998)、梅祖麟(1984)等认为本节所谈论的"就"为"介词",但对"就"与"在""于"等介词不加以区分,认为只是简单介引处所。王锳(2004)则将"就"的部分动词用法归结为介词用法。"就"的介词用法不限于唐宋,还可以历魏晋而上溯到秦汉,例如:"琴从绿珠借,酒就文君取。"(庾信《对酒歌》)"搜、略,求也。秦、晋之间曰搜,就室曰搜,于道曰略。略,强取也。"(《方言》)"就师学问无方,心志不通,身之罪也。"(《穀梁传》)对于介词虚化的路径,王锳的解释为:"同其他介词的形成过程一样,介词'就'也是由动词的有关意义虚化而来。比如《孟子·离娄上》:'犹水之就下。''就'可以作'向'解,但句中'就'作为主要动词,本身含有'流'的意思,不是单纯介出方所。"王锳认为"就"做介词表达多种意义,分别相当于"向""在""到""对"等。然而正如前文我们所论述的,"就"做介词并非简单介引处所,其并不等同于"在"。

3.2.4 "就"的让步用法

1. 让步用法的产生

关于"就"的让步连词的用法,以往的研究都认为其是东汉以后产生的,即公元 3 世纪之后,而我们观察到的是在东汉后期即公元 2 世纪已经出现这样的用法。

(57)鲁欲使慎子为将军。孟子曰:"不教民而用之,谓之殃民。殃民者,不容于尧、舜之世。一战胜齐,遂有南阳,然且不可。"(赵岐①注:慎子,善用兵者。不教民以仁义而用之战斗,是使民有殃祸也。尧、舜之世,皆行仁义,故好战殃民者,不能自容也。[**就**]使慎子能为鲁一战取齐南阳之地,且犹不可。山南曰阳,岱山之南,谓之南阳也。疏②:今欲使慎子为将军,虽为鲁一战而遂取南阳之地,然且犹不可。况有不胜者乎?)   【东汉《孟子注疏》】

(58)又亲尽当毁,空去一国太祖不堕之祀,而[**就**]无主当毁不正之礼,非所以尊厚共皇也。   【东汉《汉书》】

(59)[**就**]徇素为官速谤,当便入传,引见诘问,纠其赃状,以时列闻。   【东汉《风俗通义》】

(60)为郡功曹,所选颇有不用,因称狂,乱首走出府门……君子之仕,行其道也。民未见德,唯诈是闻。远荐功曹,策名委质,[**就**]有不合,当徐告退。③   【东汉《风俗通义》】④

(61)司徒九江朱伥,以年老为司隶虞诩所奏耳目不聪明……又伥年且九十,足以昏愦,义当自引,以避贤路。[**就**]使有枉,欣以俟命耳。   【东汉《风俗通义》】

(62)密知以见激,因曰:"明府在九重之内……夫何为哉!"……干与王政,[**就**]若所云,犹有公私。   【东汉《风俗通义》】

从上述引例中可以看出,东汉时期"就"已经出现表示让步的用法,而且是比较成熟的用法。"就"表让步既有"基于假设的转折",如(57);也有"基于既有事实的假设",如(60)(61)(62)。"就"总是与"犹""当"共现,这一典型的句法环境既是"就"表让步用法得以语法化的句法条件,也是我们能够明确判断"就"表让步的主要依据。

---

① 东汉赵岐(约 108—201),为《孟子》作注。
② 关于疏或者正义的作者,古代学者众说纷纭。南宋著名理学家朱熹认为正义是南宋邵武士人的伪作,非孙奭之手笔。宋人陈振孙等却认为孙奭尝奉诏校订正义。就现有的记载来看,明朝人对孙奭是否作正义并无争论。孙奭(962—1033),北宋经学家、教育家。
③ 《风俗通义全译》(赵泓译注,1998 年,贵州人民出版社)中的解释为:最初被荐担任功曹,出仕为官,就不合礼法,应态度徐缓地告退。我们认为这种理解比较牵强。
④ 《风俗通义》,汉唐人多引作《风俗通》,东汉泰山太守应劭著。应劭(约 153—196),东汉学者,字仲远,汝南南顿(今河南项城西)人。东汉《风俗通义》采用的是记录加评议的编写方式,"就"的让步用法都出现在评议中。

2. 让步用法产生的动因和路径

目前能够看到的让步用法最早出现于东汉的两部文献：应劭的《风俗通义》和赵岐的《孟子章句》（后收入《十三经注疏》）。

我们认为"就"表让步是"就"后的宾语进一步泛化的结果。随着"就"的动词用法进一步泛化，根据类推机制，"就"的宾语可以由一个小句充当，并由具体事物到抽象事物再到非现实的事物，即想象中出现和感知的情境，由所谓的"行域"到"知域"。"就"在这样使用的时候，从语言理解的角度已经无法再将"就"识解为"位移"义，无论是具体的位移，还是抽象的位移，而只能识解为"达到某种情形"，在"犹"和"当"的语境配合下，让步用法就产生了。这种宾语的泛化是类推机制的作用，根源在于人类的隐喻认知心理，其演化路径为：动词＞让步连词。

"就"做让步连词的用例到魏晋之后进一步增多。

(63) 今者渡江，人情所难，[就]休有此志，势不独行，当须诸将。
【西晋《三国志》】

(64) [就]不破贼，尚当自完。奈何乘危，不以为惧？　【西晋《三国志》】

(65) 迁都之事，初无此计也，[就]有，未露，何所受闻？　【西晋《三国志》】

(66) 敷赞圣旨，莫若注经，而马、郑诸儒，弘之已精，[就]有深解，未足立家。
【南朝《文心雕龙》】

让步用法一直沿用至现代，不过在现代汉语中常用"就是""就算"，已较少使用单音节形式。

3. 关于让步连词产生的动因和机制的争议

关于连词用法产生的动因，各家有不同的看法，有 Liu(1993) 的"未触及—未实现(假设)"说，有邢志群(2005)的"手段—条件"说，有张丽丽(2009)的"强调副词—纵予连词"说等。

Liu(1993) 所谓的"未触及"是指"就"的本义为"趋近"而"未到达"，由此可以推导出"未实现"的意义，让步连词用法由此产生。我们认为"就"是一个表位移的动词，其意义为"趋止(于某处)"，本身具有"到达"的意思，不存在"趋近"而"未触及"的意义，如果"就"表示的是"趋近"而"未触及"，"金就砺则利"就有点儿不可思议了。

邢志群(2005)认为"就"有表示"就便"的"手段"义，从"手段"到"条件"是很自然的推理，由此产生了"就"的让步连词用法。我们认为"就"在历史上确实出现了表示"就便"的"手段"义，但在先秦两汉时期"就＋NP＋VP"还主要为连谓用法，看不出明显的"手段、方式"的意义。

张丽丽(2009)主要援引世界上其他语言发展的例子,试图证明从"强调"到"纵予"是一条十分常见的语法化路径,因而"就"的让步连词用法也应当是这样产生的。从我们的考察来看,此时的"就"还未出现强调副词的用法,"强调副词—纵予连词"说缺乏足够的证据。

"就"用于纵予可能是在东汉以后,但同时也用于单纯的假设。现在看来,"就"应该既有表"容认"的让步用法,又有表"假设"的用法。前者应该来源于表"凭借"的介词用法,后者应该来源于动词用法。

3.3 魏晋至北宋时期"就"的主要用法

这一时期,出现时间副词(近将来时)的用法、引入相关话题的用法以及动词(搭配着吃/喝)用法。

3.3.1 时间副词(近将来时)的用法

1. 近将来时用法的产生

"就"表示一个事件很快就要发生,Biq(1984)称为 future immediacy,相当于现代汉语的"即将""就要",我们称为近将来时用法,表"时间"的意义,在汉语语法体系中归为时间副词。魏晋时期,文献中开始出现"就"表近将来时的用法。

(67)三径[**就**]荒,松菊犹存。　　　　　　【晋陶渊明《归去来兮辞》】
(68)春园花[**就**]黄,阳池水方渌。　　　【晋《先秦汉魏晋南北朝诗·晋诗》】
(69)乌林叶将賨,墨池水[**就**]干。　　　　　　【南朝范云《四色诗》】

2. 近将来时用法产生的动因及路径

(67)(68)(69)中的"就"的主语非人,且宾语为某种状态,这里的"就"已经不能理解为位移,而是表"时间",由"趋止某处"到"趋止于某种状态",表示近将来时,是隐喻机制的作用。"动词>(时)助词"这种演化路径是世界语言中比较常见的。最典型的例子如英语中的 be going to。当然"就"与"方""犹""将"的对举也促成了这种用法的形成。

这种用法产生之后,在相当长的时间的历时文献中却几乎见不到用例,直到元明时期的小说中才见到少数用例。我们相信在实际语言运用中应该一直存在,其直到现代汉语中仍有表现,如"他就来""饭就好了"等,仍多用于口语。

(70)我来日[**就**]富贵了。　　　　　　　　　　　【元《元代话本选集》】

(71)乡老且退,[就]有雨来也。　　　　　　　　　【明《西游记》】

(72)八戒笑道:"聒噪,聒噪。放快些儿就是。我们肚中饥了。"樵子道:"[就]有,[就]有!"果然不多时,展抹桌凳,摆将上来。　【明《西游记》】

(73)向伯爵道:"你坐着,我[就]来。"　　　　　　【明《金瓶梅》】

3. 关于近将来时用法的争议

许娟(2003)认为"就"表近将来时的用法在东汉时已出现,例如:

(74)高鸟已散,良弓将藏;狡兔已尽,良犬[就]烹。【东汉《吴越春秋》】

理由是"将藏"和"就烹"对举,"就烹"在春秋时期已有作为动词的用例,且"良犬"为"有生"名词,因此我们倾向于认为这里的"就"仍是动词。

张丽丽(2009)不认为魏晋时期已经出现时间副词的用法,她认为(67)(68)(69)中的"就"仍为动词用法,理由是六朝时类似用例中的"就"都是动词,而不是时间副词。

(75)人命譬若织机经缕,稍[就]减尽。　　　　　【六朝《六度集经》】

(76)大海中有四宝珠,一切众宝皆从之生,若无此四珠,一切宝物渐[就]灭尽。　　　　　　　　　　　　　　　　　　　　【六朝《经律异相》】①

张丽丽(2009)认为,这些用法中"就"后接状态动词,与"就荒/黄/干"等属于相同的用法,但以上两例中"就"受前面"稍""渐"副词的修饰,应该还是动词用法,同理"就荒/黄/干"仍应视为"就"的动词用法。这一判定标准与张丽丽(2012)的说法自相矛盾,张丽丽(2012)中将后接状态动词作为新的语法功能出现的判定依据,但这里却未执行这一标准。

我们认为判断"就"用法的主要依据应该是其主语、宾语的意义类型,(75)中"经缕"为"无生"名词,"减尽"为状态动词,"就"应该是近将来时的用法。前有副词并不能作为判断依据,(75)中的"稍就"和(76)中的"渐就"并非状中关系,而是副词连用,这样的副词连用现代汉语中也看得到,比如"饭马上就好"。我们不能因为"就"前有"马上",就说"就"是动词。

3.3.2　引入相关话题的用法

1. 引入相关话题用法出现

魏晋时期"就"开始出现一种新的功能,我们称为引入相关话题②。

(77)始死停丧十余日,当时不食肉,丧主哭泣,他人[就]歌舞饮酒。已

---

① (75)(76)引自张丽丽(2009)。

② "就"承接相关话题,并非话题标记。话题标记是后附于话题之后,有提顿作用,可以有停顿,如上海话的"末"和普通话的"呢""嘛"等,"就"的后面不能有停顿,因而并非话题标记。

葬,举家诣水中澡浴,以如练沐。 【西晋《三国志》】

(78)三辅谓京兆、左冯翊、右扶风,共在长安中,分领诸县。《淮南子》曰:"智过百人谓之豪。"《白虎通》云:"贤万人曰杰。"时城中少年子弟张鱼等攻莽于渐台,商人杜吴杀莽,校尉公宾[就]斩莽首,将军申屠建等传莽首诣宛。
【唐李贤注《后汉书》】

宋元明时期也有这样的用例:

(79)心传索词屡矣,久以缮金字之冗,未暇填缀。玉田生乃歌白雪之章,汴沈钦[就]用其韵。 【宋《全宋词》】

(80)那婆子只顾夸奖西门庆,口里假嘈。那妇人[就]低了头缝针线。
【明《水浒传》】

《红楼梦》中这样的用法已十分常见:

(81)薛姨妈道:"你这个多心的,有这样想,我[就]没这样心。"

(82)说着,一个上来解荷包,那一个[就]解扇囊。

(83)既这么着,很好,他舅舅家给他们贺喜,你舅舅家[就]给你做生日,岂不好呢。

(84)有好差使派了别人,这样黑更半夜送人[就]派我。

2. 引入相关话题用法产生的动因和路径

话题是功能语言学的重要术语,按照 3 个平面的理论,话题属于语用层面,并非属于传统意义上的语法层面,因此对于"就"的引入相关话题的用法,应该说也是一种功能上的描述,而非"就"的语法身份,如果将其归入传统语法范畴,这里的"就"应为承接副词,表示广义上的承接。前人并未在历时研究中明确提出过"就"的这一用法。不过吕叔湘(2002)提到了"则"的演化。"文言又有在两句中分用两个'则'字,或单在下句用一个'则'字的(单用于上句者较少),都足以增强两事的对待性。这个'则'字就是假设句的'则'字化出来的,其上含有'若论'或'至于'之意。""就"并没有表假设的功能,虽然让步与假设表达的逻辑关系非常接近,但我们看不出"就"的让步功能与引入相关话题的用法有何内在的联系。我们认为引入相关话题功能的产生主要是语境的作用,基于邻接语境的语用推理,依靠联想机制,属于转喻动因在起作用。(77)呈现出来的是前后两个小句有不同的话题,当然是相关的两个话题:"丧主……,他人就……"。(78)中更为明显:"就"处在并列复句结构中,"城中少年子弟张鱼等……,商人杜吴……,校尉公宾就……,将军申屠建等……",语境赋予了"就"引入相关话题的功能。显然出现于话题不同的并列句中这一特殊语境是"就"产生引入相关话题功能的关键原因。"当某一范畴在使用的时候,如果某一条件恰巧也经常得到满足,那么该条件和范畴就会发展出强有力的联系,该条件就会被理解为该范畴意义的一个有机组成部分。"(Dahl,1985,转引自 Hopper & Traugott,2005)我们认为对于这一用法的产生,听话人起了非常重要的作用,因为很可能听话人的理解与说话人要表达的意思并不一致。我们考察同一时期的相关用法发现,很可能从说话人的角度,(77)(78)中的"就"仍为位移动词的用法,比较(85)(86),在(85)(86)中"就"仍为动词用法。

(85) 其民喜歌舞,国中邑落,暮夜男女群聚,相[就]歌戏。

【西晋《三国志》】

(86) 校尉公宾[就]斩莽首,军人分裂莽身,支节肌肉脔分。

【南朝《后汉书》】

3.3.3 动词(搭配着吃/喝)用法

"就"在这一时期已经出现了"就酒"的搭配,并且出现了"搭配着吃/喝"的现代动词用法。严格来说,"就"由位移动词发展出"搭配着吃/喝"的意义,应该属于词义变化,而非语法化,因为这是从实义动词到实义动词,并未发生虚化。为了尽量全面展现"就"的历时演变,我们这里简单举几例。

(87) 虽欲谨亡马,不发户辚;虽欲豫[就]酒,不怀蓑,孟贲探鼠穴,鼠无时死,必噬其指,失其势也。

【西汉《淮南子》】

(87)中的"就酒"仍应理解为"去喝酒",并非现今的"搭配进食"之义。但下面两例中,应表示"搭配进食"。

(88) 冬夏生,始数寸,可煮,以苦酒浸之,可[就酒]及食。又可米藏及干,以待冬月也。

【六朝《齐民要术》】

(89) 粗大者谓之苹,小者为萍。季春始生,可糁蒸为茹,又可苦酒淹[就酒]也。

【南朝《后汉书》】

我们认为,在魏晋时期,"就+NP+VP"发生了"路径—终点"的意象图式转化,产生了介词用法,同时"就+NP"也发生了同样的意象图式转化,从表示"到 X 处"发展为"搭配着 X(吃/喝)"。只是在漫长的历史时期,这种用法在文献中几乎看不到,直到清代才在文学作品中出现。

(90) ……好鹅掌。薛姨妈连忙把自己糟的取了来给他尝。宝玉笑道:"这个[就酒]才好!"薛姨妈便命人灌了上等酒来。

【清《红楼梦》】

(91) 将半生不熟的肉给傻英雄盛了两大碗,放在傻英雄面前,傻英雄生肉[就酒],吃了一个不亦乐乎。

【清《三侠剑》】

3.4 南宋、元、明、清时期"就"的主要用法

南宋、元、明、清时期,"就"的副词用法进一步丰富,发展出时间副词(表"立即")、承接副词、限定副词、表明"两事并行",以及表"主观量"的用法。我们认为除表明"两事并行"的用法之外,其他用法都是由表"就(之)便"的介词用法发展而来。

3.4.1 时间副词(表"立即")用法

1."就"的两种时间副词用法

作为时间副词,"就"的用法有二:一是表"即将",如"饭就好了";二是表"立即",用于表明两事紧接发生,如"想起来就说"。

这里我们必须首先区别"就"的两种时间副词用法。"就"作为时间副词有两种用法:一种表示近将来时,表示"很短时间以内即将发生"[①]之义;另一种表示"即(其时)""立即"义,"就"前必有时间词或其他副词。前者我们已经在前文中进行论述,这里要说明的是"就"的"立即"义的产生。很多学者对这两种用法的区分并不是很清楚,有的将前者当作"立即"义,而把后者解为"早已"义(张丽丽,2012),有的甚至不加区分,认为是同一个(Lai,1995)。

不得不说,这两种用法在现代汉语中表现得确实非常相近,容易混为一谈,但二者事实上还是可以区分开的。第一,表示近将来时时,"就"前经常没有时间词,比如"饭就好了"。如果补出前面的时间词,应该是"一会儿"等表示将来的时间词;而表"立即"义时,前面的时间词则应为"当时"等表示即时的时间词。第二,"即"兼有这两个时间副词的功能,在现代汉语中已经采用双音节词的方式加以分化,一个为"即将",另一个为"立即"。"就"的近将来时用法则用"就要"表示。

总之,"就"作为时间副词有两种用法,对于"就"的副词用法产生的时间之所以有很大的争议,主要原因是对"就"的这两种副词用法不加以区分。许娟(2003)认为"就"做副词的用法产生于魏晋时期,而张丽丽(2015)、曹广顺(1987)、梅祖麟(1984)、李宗江(1997)等则认为产生于宋元时期。实际上魏晋时期产生的是近将来时的用法,而其他副词用法则见于宋元时期。

2.时间副词(表"立即")用法产生的动因和路径

"就"的"立即"义是从表"就(之)便"的介词用法发展而来的,其演变的路

---

① 见吕叔湘(1980)的《现代汉语八百词》的第280页。

径是"就(其地)"到"就(其时)"/"立即",可以看作是从空间到时间的隐喻。当"就"的宾语省略时,"就"容易被理解为"立即"义。这一演变在南宋时期已经十分明显,例如:

(92)僧忽至……杨家甚喜,设坐延入。僧顾其仆,去街东第几家买花雌鸡一只来……命杀以具馔。杨氏子泣请曰:"……今日正启醮筵,举家内外久绝荤馔,乞以付邻家。"僧不可,必[欲]就煮食。　　　【南宋《夷坚志》】

当然从上、下文来看,这里的"就"仍然表示"就其家"的处所义,但已经为"就(其时)"提供了虚化的契机。当"就"省略的宾语为时间词时,"就"正式发展出时间副词的用法,表"立即"义。

(93)要好趁这个遗漏人乱时,今夜[就]走开去,方才使得。
　　　【南宋《话本选集》】

(94)鄱医赵珪者……庆元元年四月病死。二年正月,妻成氏谋改适人,梦其来责,使候释服乃可。至三年春,[就]纳坑治司(官职名称)魏客将。
　　　【南宋《夷坚志》】

(95)昨日[就]过了。　　　【南宋《朱子语类》】

(96)张七嫂次日[就]进城,与蒋兴哥说了。　　　【元《元代话本选集》】

3. 时间副词(表"立即")语法化路径的争议

以往研究中关于"就"的副词用法的语法化路径基本上可以归纳为两条:第一条,动词>副词;第二条,介词>副词。基本上梅祖麟(1984)所持的观点支持第二条路径,对此李宗江(1997)表示不同意,理由一是介词"就"的意义相当于"在""到""从"等纯粹的方位意义,这种意义与时间副词的意义之间的关系不好解释。二是没有见到其他副词由介词变来的先例。因此,李宗江支持第一条路径。我们认为李宗江之所以这么说,是因为他将"就"的该种用法归结为等同于"在""到""从"等纯粹的方位意义。事实上,在这些例句中,"就"的意义为"就便",认识到这一点,就可以建立起其与时间副词的关系了。至于汉语中并没有由介词发展出副词的先例,说得过于绝对,我们认为"因"也曾由介词用法发展出承接副词用法,只是之前的研究没有观察到这一点。

3.4.2　承接副词用法

"就"在这一时期还产生了表示两件事前后紧接着发生的用法,并在此基础上发展出表达事理逻辑的用法,我们将两种用法统称为承接副词用法。

1. 表前后相继和逻辑关系

(97)是夕初更未尽,儿忽得惊风病……家人次日制黄幡一合于彼宪,儿

[就]脱然平贴。 【南宋《夷坚志》】

(98)此子是岳州一个好秀才……若置之重罚,却为太猛,不如[就]令充恶部,使晨夜祗役于王前,庶得谢过,不为已甚可也。 【南宋《夷坚志》】

《水浒传》中有：

(99)何九叔把纸钱烧了,[就]撺掇烧化棺材。

(100)叫他两个都点指画了字,[就]叫四家邻舍书了名,也画了字。

(101)黄文炳道："是了。"[就]借笔砚取幅纸来抄了。

这种承接由时间上的前后相继发展出了事理逻辑上的相承。

(102)曰："是必此草能化铁为金也。"[就]掇拾盈掬而还。 【南宋《夷坚志》】

(103)政和中,诏每州置神霄官,[就]以道观为之。 【南宋《夷坚志》】

2. 承接副词用法产生的动因及路径

"就"由"趁便"义发展为"前后相继"的意义,表示承接,来源于"就(之)便"。当"就"后省略的宾语所指为前文的事件或情形时,"就"具有了承接功能。

尽管(102)(103)中的"就"仍然可以分析为"就地""就道观"的介词用法,但由于"就"前后的两个分句表示的是事理上的承接关系,因此"就"很容易被理解为承接副词。例如,曹广顺(1987)认为例句(103)中的"就""类似现代汉语中表示'承接上文,得出结论'的用法,'就'前的分句,多是表达造成一种情况、变化的原因,'就'则强调在这种条件下得到、出现了什么样的结果"。总之"就"的虚化是由宾语省略直接引发的,这种省略促使对"就"的理解朝两个不同的方向发展,一种是历时的,读者力图追究"就"省略的宾语究竟是什么,产生前后相承的意义;另一种是共时的,在语境的作用下,读者通过语用推理,根据前、后句之间的意义关系,赋予"就"以承接的功能。

这一点已经有学者注意到,比如,周守晋(2004)、张丽丽(2012)。对于"VP$_1$,就+方所+VP$_2$"的用法,周守晋(2004)认为"就"并非简单地介引方所,"就"的作用在于把VP$_2$的行为限止在与VP$_1$有关的方所上,从而使VP$_2$与VP$_1$在空间及时间上相承继。张丽丽(2012)认为"就"的承接功能来自"就"后宾语的零形回指。我们认为称作宾语省略更为恰当,因为省略是依据语境而省,可以是上文,也可以是下文。"就"的宾语省略也可以承下文而省。"就"的承接用法既来自"就"后宾语的零形回指,也来自语用推理。

3.4.3 限定副词用法

"就"的限定副词用法,起限制、确定对象或范围的作用,这一用法也是从

"就"的介词用法发展来的。动词到介词的发展,经历了"路径—终点"的演变,终点自然带有限制范围的语义。

(104)临罢之夕,有执事者果缘院行童程慧新,盗佛前供物,仍[就]用荐土地疏包裹,将以遗母。【南宋《夷坚志》】

(105)所以君子责人[就]用他身上原有的道理。【元《中庸直解》】①

(103)(104)(105)实际为"就"的宾语蒙后省,即"就道观以为之""就荐土地疏用以包裹""就他身上原有的道理用之"之义。由于省略,就会有人将其理解为限定副词的用法②。下面的例子中"就"与"只"对举,使得限制范围的用法更为明显。

(106)只今日[就]这里,倒作成我两个回去快些。【明《水浒传》】

3.4.4 表明"两事并行"用法

1. 表明"两事并行"用法的产生

表明"两事并行"用法指的是,"就"用于并列复句的后一小句中,表明前后两个小句的事件是同时进行的。这一用法在元明时期非常常见,在《西厢记》《老乞大谚解》《水浒传》中可以见到多例。例如,《西厢记》:

(107)窗外是有人,已定是小姐,我将弦改过,弹一曲,[就]歌一篇,名曰《凤求凰》。

(108)(旦云)张生病重,我有一个好药方儿,与我将去咱……(红云)不是你,一世也救他不得。如今老夫人使我去哩,我[就]与你将去走一遭。

(109)下官牵羊担酒,直至老夫人宅上,一来庆贺登第,二来[就]主亲事,与兄弟成此佳偶。

又如《老乞大谚解》:

(110)有甚么熟菜蔬,将些来与客人吃。怕没时,有萝卜、生葱、茄子将来。[就]将些酱来。别个菜都没,只有盐瓜儿与客人吃。

(111)你外头还有火伴么?有一个看行李。[就]放马里。他吃的饭却怎生?我们吃了时,与他将些去。

(112)把马们都松了,且休摘了鞍子。你去问主人家要几个席子薦荐来,[就]拿苕(笤——编者注)帚来扫地。行李且休搬入去,等铺了席荐时,一发搬入去。

---

① 《中庸直解》,许衡(1209—1281)作。此例转引自梅祖麟(1984)。

② 《夷坚志》中的两例,即(103)(104),曹广顺(1987)理解为"起限制、确定对象或范围的作用"。

再如《水浒传》：

(113) 林冲别了智深，自引了卖刀的那汉，到家去取钱与他，[就]问那汉道："你这口刀那里得来？"

(114) 却把葫芦冷酒提来慢慢地吃，[就]将怀中牛肉下酒。

(115) 问客人借这椰瓢用一用。众客人道："[就]送这几个枣子与你们过酒。"

2. 表明"两事并行"用法产生的动因

表明"两事并行"也是从话语功能的角度来说的，从词性角度来说，此种"就"也可视为广义的承接副词。我们可以认为"就"的这一用法是由"就便"义引申而来的，由"就（前事）便"发展出"两事并行"的副词用法，连接两个并列分句，这样也解释得通。但这种用法的不寻常之处在于多用于元代，或元末明初时期，到了现代汉语中这种用法已经见不到了①，取而代之的是"顺便""同时"等副词。我们推测"就"的这种用法的产生也许与语言接触有关，但这一点还有待证实。

3.4.5　表"主观量"的用法

"主观量"是含有主观评价意义的量，与"客观量"相对，涉及说话人和听话人，属于语用范畴，其语用功能有语法基础。"十天就写了两万字。"说话者在说出这句话的时候，对"十天"和"两万字"的量有一个主观的评价。"十天写了两万字"就没有明显的主观评价义，因此"就"具有表"主观量"的用法。我们尝试在此探求"就"表"主观量"的语法化路径。

1. "就"表"主观量"用法的产生

(1) "就 Y"表"主观小量"。

"就 Y"因其"终点"义而表示"限止"，进而发展出相当于"只"的"主观小量"义。当然，这其中基于语境的推理也发挥了重要作用。

(116) 帝不忍市斩，欲[就]狱杀之。　　　　　　　　【西晋《三国志》】

"就狱杀之"与"市斩"进行比较，可以推理出"就狱"有量级较低的意味。

自魏晋以来，"只就"的用例不断增加，然而在相当长的时间里，"只就"中的"就"仍为介词用法，表示"就其处""即其时"或引介动作对象等。例如：

(117) 师云："只[就]疑处看。蓦然看破不疑处。便是陛下受用不尽底。"

【南宋《古尊宿语录》】

---

① 其他用法则都沿用至现代汉语。

(118)只[就]当时,叫仵作人等入了殓,即时使人吩咐管坟园张一郎、兄弟二郎:"你两个便与我砌坑子。"　　　　　　　　　【元《元代话本选集》】

(119)话休絮烦,功德水陆也不做,停留也不停留,只[就]来日便出丧。周妈妈教留几日,那里拗得过来。早出了丧,埋葬已了,各人自归。

【元《元代话本选集》】

《水浒传》中"就"后出现时间词的用例增加:

(120)若是他有心收留我们,只[就]早上便议定了座位。

(121)却才甚是惊吓了高邻。小人此一去,存亡未保,死活不知。我哥哥灵床子[就]今烧化了。家中但有些一应物件,望烦四位高邻与小人变卖些钱来。

(122)好计![就]今晚着人去唤陆虞候来分付了。

(123)若是短做夫妻,你们只[就]今日便分散。

(124)今日兄长功成名遂,贫道[就]今拜别仁兄,辞别众位,便归山中,从师学道,侍养老母,以终天年。

(125)毕胜下坡迎接上去,见了童贯,一处商议道:"今晚便杀出去好?却捱到来朝去好?"酆美道:"我四人死保枢相,只[就]今晚杀透重围出去,可脱贼寇。"

(126)[就]时立了文案,便教发去抄事。

(127)只[就]当日商量定了,便打并起十数辆车子。

此时出现了"只""就"对举的情形,"就Y"表"主观小量"的用法初现端倪。

(128)不是俺要结果你,自是前日来时,有那陆虞候传着高太尉钧旨,教我两个到这里结果你,立等金印回去回话。便多走的几日,也是死数。只今日[就]这里,倒作成我两个回去快些。

《红楼梦》中"就Y"表"主观小量"还需借助"只",多为"就只"连用。《红楼梦》中"就只"有44条,"只就"只有3条。

(129)[就只]一件,待下人未免太严些个。

(130)怎么不真,别人大概都知道,[就只]咱们没听见。

我们认为,"就Y"表"主观小量"属于"就"的限定副词用法。另外,从"只就"到"就只",也标志着"就Y"的"限止""小量"义开始形成。(这里我们有一个假设:同素异位现象在汉语的发展中应该有其独特的意义,并非随意的组合,"即便""便即"应该也是如此。这个观点还有待进一步论证。)等到"只"脱落,"就Y"得以最终实现表"主观小量"。

第3章 "就"的语法化

(2) "X 就"表"主观小量"。

同"就 Y"一样,"X 就"演化出表"主观小量"也是从时间词开始的。不同的是,"X 就"表"主观小量",经历了从"X,就 Y"到语义前指,即"X 就,Y"的过程。"X 就"表"主观小量"是从时间上的早、快发展而来的,而这一意义直接来自"就"的时间副词(表"立即")用法,间接来自"就"的介词用法(表"就便")。也就是说,我们认为这种用法的语法化路径为:介词 > 时间副词(表"立即") > 主观小量(前指)。

根据我们的考察,能够见到"就"前有时间词的较早用例出现在南宋末期:

(131) 小妇人问他来历,丈夫说道:"为因养赡不周,将小妇人典与他人,典得十五贯身价在此,又不通我爹娘得知,明日[**就**]要小妇人到他家去。"
【南宋《话本选集》】

(132) 二月八日,[**就**]法性寺智光律师授满分戒。 【南宋《五灯会元》】

当然这种演变的发生依然少不了基于语境的推理的作用。在《夷坚志》中有这样的用例:

(133) 鄱医赵珪者……庆元元年四月病死。二年正月,妻成氏谋改适人,梦其来责,使候释服乃可。至三年春,[**就**]纳坑治司(官职名称)魏客将。

(133)中的"就"可理解为"立即"义,从其上、下文来看,"三年春"带有时间早、快的意味。

(134) 明日[**就**]店里寻你去。 【元《老乞大》】

(135) 虽你原是清河县人氏,与我这阳谷县只在咫尺。我今日[**就**]参你在本县做个都头如何? 【明《水浒传》】

从(134)(135)两例还可看到"就 Y"结合得更为紧密。其实,直到《红楼梦》中,依然有这样的用例:

(136) 至二十一日,[**就**]贾母内院中搭了家常小巧戏台。

同时,《红楼梦》中"X 就"已经发展出了表"主观小量"的用法。

(137) "我且问你,你们这夜书多早晚才念呢?"宝玉道:"巴不得这如今[**就**]念才好,他们只是不快收拾出书房来……"

(138) 偏说死!我这会子[**就**]死!你怕死,你长命百岁的,如何?

从"就念""就死"表"立即 V"的意思,从而形成"早""快"的意义,"X 就"的"主观小量"义正式形成。

"就"具有语义前指的作用,根源于"就"后的宾语常常省略,而且往往是承前省略。因此,事实上,"X 就"可以视为"就 Y"的变体。至此,我们可以明白,为何"就"既能语义后指,也能语义前指,而且语义后指表达"主观小量",语义前指也表达"主观小量"。

2. 以往的研究

迄今为止,对于"就"表"主观量"的用法主要集中在共时研究层面,从历时视角对此做出解释的仅有周守晋(2004)、罗荣华(2012)、刘林(2013)等。下面我们主要对以上3位学者的研究进行介绍。

周守晋(2004)的主要观点为,现代汉语副词"就"由趋止动词发展而来,其基本语义是表示限止。"就"既可以前指,也可以后指,不论前指还是后指都表"主观小量"。"就"的基本作用就是使前、后的表量成分起点化和终点化,这是其表"主观量"的语义基础。"就"前指表"起点"义,后指表"终点"义。"就"前指为"起点[+不足]",后指为"终点[+不足]"。

周守晋(2004)认为"就"的前指和后指发生于不同时期,来自两条不同的演化路径:

"(a)VP1,就 + 方所 + VP2(限止方所) > VP1,就 + VP2(限止时间,前指功能的形成) > X 就 VP(主观量的出现)　　　　　(中古—近代)

(b)VP1,就 + 范围 + VP2(限止范围) > 就 + X(VP)(主观量的出现)

(近代—现代)"

起点化和终点化是周守晋(2004)文中的两个关键概念,但这两个概念似乎并没有使问题得到更清晰的解决。

首先,对于"就"前指用法的形成,VP1(N)从限止对象到起点的解释得略显牵强。文中把"就"的宾语记作 n,把与 VP1 有关的内容记作 N,认为(a)中的方所名词是与 VP1(N)有直接关联的,当名词省略后,"就"的限止作用则相应前指至 N,从而"VP1 在这里起了时间规定的作用,它表明自己是 VP2 出现、达成的时间起点"。

其次,文中对"才"的解释为"前指[+终点 +超出]和后指[+起点 +不足]",但同样是终点化,为何"才"的前项表"超出"/"大量",而"就"的后项却表示"不足"/"小量",这一点令人困惑不解。关于"VP$_1$,就 + 方所 + VP$_2$"的用法,作者认为"就"的作用在于把 VP$_2$ 的行为限止在与 VP$_1$ 有关的方所上,从而使 VP$_2$ 与 VP$_1$ 在空间及时间上相承继。这种作用是"到""在""于"等所不具备的。

无论如何,周守晋(2004)对共时的热点问题从历时的视角进行解释,是一次非常有益的尝试,给我们很大的启示。

罗荣华(2012)是一部研究古代汉语主观量的专著,其中专门有一节谈"'就'的语法化与主观量"。书中认为"就"的原型核心意义是"接近某一界限"。"就"前指表"主观小量",后指则有时表"主观小量",有时表"主观大量"。作者又把"就"的副词用法细分为关联副词、时间副词、范围副词和语气副词4种。"就"表"主观量"的用法分别对应其中的3种,即"就"前指表"主观小量"时为关联副词用法;后指表"主观小量"时为"范围副词"用法;后指表"主观大量"时为语气副词用法。三者的演化路径及产生的时间如下:

(a)趋近动词—关联副词;前指表"主观小量"(中古时期)。

(b)趋近动词—关联副词—时间副词—语气副词;后指表"主观大量"(宋)。

(c)趋近动词—范围副词;后指表"主观小量"(元明)。

罗荣华(2012)的一些观点我们认为值得商榷。

首先,关于"就"前指表"主观小量"用法产生的时间。文中提到"古汉语中有一些'就'可以处在数量短语后面,构成'NumP + 就 + VP'结构,这样的用例大概在中古时期就产生了,但用例不多",但并未举例。就我们的观察,中古时期确实有数量短语出现在"就"前的用例,但其中的"就"却并非用于前指表"主观小量"。比如:

(139)公生有殊状,幼有老风,天资聪明,性本忠孝。七岁[**就**]学,达诗书之义理;十年能赋,得体物之玄微。十五以司空武功授太仆寺丞。

【唐《唐代墓志续编》】

"就"仍为动词用法,"七岁"则为单纯的时间用法,并不表达"主观小量"。也许罗荣华确有中古时期"就"前指表"主观小量"的用例,可惜在文中并未举例,我们不得而知。

其次,关于"就"的功能演变。罗荣华(2012)反复用到词义沾染机制,我们认为这一演变手段,至少在"就"的演变中应该慎用。对于"就"的关联副词用法的产生,罗荣华认为是因为"就"经常与"乃""因""故""便"共现,"这样,'就'吸收了'因、乃、故、便'等副词的语境义",逐渐发展为表前后相承的关联副词用法。对此我们不十分认同。下面我们援引罗荣华(2012)所举的例子:

(140)君径至市,入门数十步,当有一人卖新鞭者,便[**就**]买还,以悬此树。

【东晋《搜神记》】

(141)元嘉十七年,随王镇广陵,遇禅师释道恭,因[**就**]学禅,甚有解分。

【南朝《冥祥记》】

(140)(141)中的"就"仍应理解为动词,分别为"就(卖鞭者)买""就(禅师)学禅",只是其后的宾语由于上、下文语境而省略了。在魏晋南北朝时期,"就 + 某人 + VP"是十分常见的连动用法。比如:

(142)戴安道[**就**]范宣学,视范所为……

【南朝《世说新语》】

(143)谢万作豫州都督,新拜,当西之都邑,相送累日,谢疲顿。于是高侍中往,径[**就**]谢坐,因问……

【南朝《世说新语》】

另外,"乃""因""故""便"是起连接作用的副词,许多动词经常与之共现,却并未沾染其前后相承的副词义,可见"就"的虚化用词义沾染来解释至少不够充分。

对于"就"发展为范围副词,罗荣华认为是因为"就""只"连用频率增加,"就"吸收了"只"的限定义,从而发展出限定副词用法,同样是词义沾染的作用。我们认为,"就""只"连用属于同义复现,"就"的限定副词用法并非来源于此,具体论述见下文。

再次,关于"就"表主观量的用法。对于"就 NP"还有表"主观大量"的作用,罗荣华(2012)的解释是"就"的前项和后项分别为隐含"一"的最小的量和一个"大量","就"的作用是强调,"即突出其(前项和后项)对比效果,进一步凸显主观大量色彩,因此这里的'就'应是个起强调作用的语气副词"。比如:

(144)纪府又本是个巨族,只那些家人孩子,[就]有一二十个。

【清《儿女英雄传》】

最后,关于"就"前指表"主观小量"的产生。罗荣华(2012)认为,"就"的关联副词的用法,具有前后相承的作用,凸显时量条件(前项)与动作行为结果(后项)的紧密关系,"由于说话者的心理参照量往往要大于该'时量条件',因此'就'也就表达了主观小量"。这里罗荣华认为"就"前指表"主观小量"主要是使用频率的作用。罗荣华的以上两点论证我们不能认同。

刘林(2013)对现代汉语焦点标记词进行了研究,其中有一章是谈"就"的。刘林认为"就"有两个基本语义,"就$_1$"表现为"X 就 Y"形式,其本质是时间关系;"就$_2$"表现为"就 Y",基本语义为限定。对于"就"表"主观量"的用法,刘林认为"就"前指表"主观小量","就"后指分两种情况,一种表"主观小量",另一种表"主观大量"。

对于"就"表"主观量"用法的产生,刘林归结为人类认知心理的作用。"就$_1$"表示前后紧承的时间关系,而"时间关系又可以表达数量关系,因为在人类的抽象思维中,时间即是一种量的表达。根据人们的量化观念,'起点'是事件的开始阶段,含有'小量'概念,'终点'是事件的达成阶段,含有'大量'概念,所以随着'就'的进一步虚化,逐渐地'就'前表示小量,'就'后表示大量,于是'就'有了表示量的含义"。其演化路径大致为:空间位移动词—表前后相承的时间副词——表"主观量"(前小后大)。

"就"后指表"主观小量"则来自"就"的限定副词的用法,间接来源于动词"就",由于动词"就"本身带有"瞬间/短暂"的"量小"义,进而演化出限定副词的表"主观小量"的用法,其演化路径为:空间位移动词—介词—限定副词—后指表"主观小量"。

刘林(2013)的研究主要是共时研究,其历时研究部分主要依据前人的研究成果,因此并非直接从语料得出结论,而是在二手资料的基础上进行的主观构拟。

比较以上3人的研究,我们可以看出其分歧主要在于"就"后指表主观量大小的问题,这也是共时研究争论的焦点,而且迄今为止莫衷一是。三者一致之处在于,"就"后指表示"主观小量"的用法源于"就"的限定副词用法。

我们的观点是"就"不论前指还是后指,都表"主观小量",且都源于"就"的介词用法,这是"就"既能后指,也能前指,而且都表"主观小量"的内在原因。

3.5 小结

3.5.1 "就"语法化的产生及动因

先秦两汉时期,"就"主要为动词用法,包括不及物动词("成就"义)和及物动词("趋止"义)。西汉时期,开始出现"趁着、依凭"义的介词"就",从东汉开始"就"出现让步连词用法,自此"就"开始它的语法化历程。介词用法基于"路径—终点"的意象图式转换,是邻接和联想机制在起作用,属于转喻动因。"就"的介词用法非常丰富,可以介引处所、条件、对象等。让步连词用法是"就"的宾语泛化的结果,宾语类型由词语到小句,由事物到某种情形,在与"犹"/"当"共现的语义环境中,固定了其让步连词的用法,可以看作隐喻动因在起作用。

到了魏晋时期,"就"开始出现时间副词(近将来时)的用法、引入相关话题的用法、动词(搭配着吃/喝)的用法等。近将来时用法是"就"的主语、宾语泛化的结果,主语可以是非人/无生的,宾语为状态动词,可归结为隐喻动因。引入相关话题的用法主要来自基于语境的推理,"就"用于话题不同的并列复句,是这一用法产生的主要因素,属于基于邻接与联想的转喻。

南宋以后,"就"的介词用法发展出了时间副词(表"立即")用法、承接副词(包括表前后相继和逻辑关系)用法、限定副词用法以及表明"两事并行"的用法。所有这些用法都基于类推或泛化。通过主观化过程,时间副词(表"立即")又发展出语义前指表"主观小量"的用法,限定副词发展出语义后指表"主观小量"的用法。

3.5.2 "就"的语法化路径

图3.2为"就"的语法化路径,呈现了"就"在各个历史时期的用法之间的

关系。

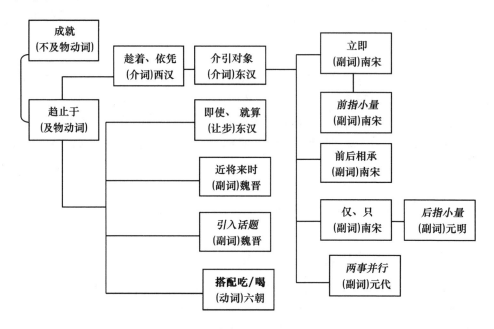

图3.2 "就"的语法化路径(斜体为话语功能,黑体为实词)

3.5.3 "就"的历时演变验证了语法化的几个典型因素

(1)动词"就"的意义具有相对概括性,表现在句法语义搭配上,其主语可以是"有生"的,也可以是"无生"的,宾语可以是具体事物,也可以是抽象事物,这是"就"语法化的语义基础。

(2)这种演变只发生在非常局部的语境中。例如,"就下而为池,各就其势",存在"路径—终点"的推理,这样演变才有可能发生。只有当"就"后面的处所词与目的意义不再相容,这种重新理解才是明显的,换句话说,重新理解之所以容易发生,是因为"就"使用的语境已经泛化、类推化了,在此之前这样的语境不曾出现过。

(3)虽然"就"的演变起源于西汉或更早,但在现代汉语中,它的各个语法化阶段仍然共存。

(4)语法化发生以后,"就"原来的一些相对具体的意义,特别是运动义和方向性丧失了,但增加了一些新的意义,这些意义更加抽象,建立在说话人的主观感受的基础上,比如"就"表"主观量"的用法。

(5)单向性假设并不意味着单一路径,可以是多条路径,"就"的语法化就是沿着多条路径进行的。

3.5.4 "就"的语法化特点

首先,"就"的语法化并不符合单向性假设,因为根据单向性假设,语法化的路径应该为动词 > 副词 > 介词,但"就"的其中一条语法化路径为动词 > 介词 > 副词。

其次,"就"的语法化历程中有一个现象比较特别,那就是有的用法出现得非常早,但在文献中使用频率较低,我们认为这些用法一直保留在口语中,直至今天。比如,"就"的近将来时用法、动词(搭配着吃/喝)用法。这一现象对我们后面将要谈到的"就"与"因"的关系有一定的启示意义。

第4章 "便"的语法化

"便"与"即""就"的共同用法主要有3种:时间副词("立即"义)、承接副词、让步连词。目前对于"便"的上述3种用法的语法化过程,学界的意见有很大分歧。下面主要阐述这3种用法的大致产生时期、语法化的动因和机制。"便"的使用见于上古、中古和近代汉语,其语法化历程大致到唐五代时期已基本完成。因此下面分4个时期对"便"的语法化历程进行考察:先秦时期;西汉时期;东汉、六朝时期;唐五代及以后。

4.1 先秦时期"便"的主要用法

先秦时期"便"主要用作实词,有名词、形容词和动词等多种用法。动词又分为带体词性宾语和谓词性宾语两种。"便"的虚化是从带谓词性宾语的动词用法开始的。从语义上看,"便"有"便利(的)""安适""对……有利""爱戴""擅长""易于"等多种语义。语义和句法上的多样性是"便"发生语法化的前提。

此外,据段玉裁《说文解字注》,"便"与"平""辨"为通假,"如《史记》'便章百姓',古文《尚书》作'平',今文《尚书》作'辨',《毛诗》'平平左右',《左传》作'便蕃左右'"。《论语》:"孔子于乡党,恂恂如也,似不能言者。其在宗庙、朝廷,便便言,唯谨尔。"根据杨伯峻《论语译注》的解释,"便便言"的意思是"便能明白晓畅地说出自己的意见"。朱熹《论语集注》:"便,旁连反。便便,辩也。宗庙,礼法之所在;朝廷,政事之所出;言不可以不明辨。故必详问而极言之,但谨而不放尔。此一节,记孔子在乡党、宗庙、朝廷言貌之不同。"当为"便"通"辨"。"便"的通假与其虚化应该没有关系,我们不再详述。

4.1.1 "便"做形容词、名词

1. 表"安适"

段玉裁《说文解字注》:"便,安也。人有不便,更之。从人更。房连切。"

上古汉语中"便"有"安适"义,如(1),并有"以……为安""安于"的意动用法,如(2)(3)。

(1) 故唯毋明乎顺天之意,奉而光施之天下,则刑政治,万民和,国家富,财用足,百姓皆得暖衣饱食,[**便**]宁无忧。　　　　　　　　　　【战国《墨子》】

(2) 今也,寡人一城围,食不甘味,卧不[**便**]席。今应侯亡地而言不忧,此其情也?　　　　　　　　　　　　　　　　　　【西汉《战国策》】

(3) 昔者越之东,有輆沭之国者,其长子生,则解而食之,谓之宜弟。其大父死,负其大母而弃之,曰鬼妻不可与居处。此上以为政,下以为俗,为而不已,操而不择。则此岂实仁义之道哉? 此所谓[**便**]其习而义其俗者也。楚之南,有炎人国者,其亲戚死,朽其肉而弃之,然后埋其骨,乃成为孝子。秦之西,有仪渠之国者,其亲戚死,聚柴薪而焚之,熏上谓之登遐,然后成为孝子,此上以为政,下以为俗,为而不已,操而不择,则此岂实仁义之道哉? 此所谓[**便**]其习而义其俗者也。　　　　　　　　　　　　　　　　　　　　【战国《墨子》】

这种用法在西汉时期还可以见到,并发展出"使……安适"的使动用法,如(4)。

(4) 父不宁子,兄不便弟。　　　　　　　　　　　　　【西汉《史记》】

(4) 的句意:"弄得父亲无法保护儿子平安,哥哥不能让弟弟过上安逸的生活。"在《汉书》中又有"父不宁子,兄不安弟",可以作为"便"与"安"可互训的佐证。

2. 表"方便(的)、便利(的)、有利"

"便"表示"便利的"义在先秦最为常见,在句法上可以表现为名词,如(5)(6),也可以表现为形容词,如(7)(8)。

(5) 是故士莫敢言一朝之[**便**],皆有终岁之计;莫敢以终岁之议,皆有终身之功。　　　　　　　　　　　　　　　　　　　　【春秋《国语》】

(6) 执留之狗成思,猿狙之[**便**]自山林来。　　　　　【战国《庄子》】

(7) 治国之有法术赏罚,犹若陆行之有犀车良马也,水行之有轻舟[**便**]楫也,乘之者遂得其成。　　　　　　　　　　　　　　　【战国《韩非子》】

(8) 此筋骨非有加急而不柔也,处势不[**便**],未足以逞其能也。

【战国《庄子》】

"便"的形容词和名词用法并未进一步虚化,其虚化历程是从动词用法(包括使动和意动用法)开始的。

4.1.2 "便"做动词

"便"做动词,其宾语可以为人、事物,甚至是动作行为,表达的语义有"便于、利于""爱戴""擅长""易于"等。

1. 宾语为人

宾语为君主,"便"表示"依附,逢迎;拥护,爱戴"。

辞书中基本见不到这个义项,因此有学者将此义项解作"以……为便"(孙锡信,2005),并作为"便"虚化的源头,我们认为不妥。

(9) 孔子曰:"益者三友,损者三友。友直,友谅,友多闻,益矣;友[**便**]辟,友善柔,友便佞,损矣。" 【春秋《论语》】

(10) 政以为[**便**]譬,宗于父兄故旧,以为左右,置以为正长。 【战国《墨子》】

先秦时期,"便辟/嬖/譬"连用比较常见,甚至词汇化转指君主左右受宠信的小臣,例如:

(11) 尊向三者,无功而皆可以得,民去农战而为之,或谈议而索之,或事[**便**]辟而请之,或以勇争之。 【战国《商君书》】

"事便辟而请之"可理解为"依附权贵而祈求好处"。

(12) 为肥甘不足于口与?轻暖不足于体与?抑为采色不足视于目与?声音不足听于耳与?[**便**]嬖不足使令于前与?王之诸臣皆足以供之,而王岂为是哉? 【战国《孟子》】

这种用法中"便"的宾语为君主,表示"爱戴、拥护",到西汉时期仍可以见到此种用法。

(13) 是故上者,天鬼有厚乎其为政长也,下者,万民有[**便**]利乎其为政长也,天鬼之所深厚而能强从事焉,则天鬼之福可得也。万民之所便利而能强从事焉,则万民之亲可得也。 【战国《墨子》】

"天鬼厚""万民便利"后面省略"君主"义宾语。

(14) 孝惠三年,举高帝时越功,曰闽君摇功多,其民[**便**]附,乃立摇为东海王,都东瓯,世俗号为东瓯王。 【西汉《史记》】

(15) 百姓[**便**]君,君其遂立。吾请为君杀子亢,君以我为相。 【西汉《史记》】

(16) 封三十三岁,百姓皆[**便**]爱之。 【西汉《史记》】

(17) 和集周民,周民皆说,河雒之间,人[**便**]思之。 【西汉《史记》】

宾语为其他表人名词,"便"则表示"便于、利于",例如:

(18) 孔子见老聃,老聃新沐,方将被发而干,慹然似非人。孔子[**便**]而待之。 【战国《庄子》】

(18) 中"便而待之"意为"便之、待之",即"为他提供便利、等他"。

(19) 侈靡者以为荣,俭节者以为辱,不以[**便**]死为故,而徒以生者之诽誉为务。 【战国《吕氏春秋》】

(19)中"便死"意为"便利死者"。

2. 宾语为事物

"便"宾语为一般事物,表示"利于、便于",例如:

(20)古之民未知为舟车时。重任不移,远道不至。故圣王作为舟车,以[便]民之事。其为舟车也,全固轻利,可以任重致远,其为用财少而为利多。

【战国《墨子》】

"便"表示"擅长""为某方面的能手",宾语可为某技能,例如:

(21)后稷,天下之为烈也,岂一手一足哉!唯欲行之浮于名也,故自谓[便]人。 【战国《礼记》】

(21)中"自谓便人"意为"自称为会种庄稼的人"。

(22)布[便]弓马,膂力过人,号为飞将。 【西晋《三国志》】

(22)中"便"可理解为"擅长"。

3. 宾语为 VP

宾语为 VP,表示"便于、利于、易于"。

(23)故人君者,先[便]请谒而后功力,则爵行而兵弱矣。

【战国《商君书》】

(24)颜渊问仲尼曰:"吾尝济乎觞深之渊,津人操舟若神。吾问焉,曰:'操舟可学邪?'曰:'可。善游者数能。若乃夫没人,则未尝见舟而[便]操之也。'吾问焉而不吾告,敢问何谓也?" 【战国《庄子》】

(25)李斯问孙卿子曰:秦四世有胜,兵强海内,威行诸侯,非以仁义为之也,以[便]从事而已。 【战国《荀子》】

"便+VP"表示的是"利于、便于做某事"。

4.1.3 先秦时期"便"的语义小结

总体来看,先秦时期"便"以"便利"义为主,其他各种用法都与此义有联系。"便利"义的"便"可以有名词、形容词和动词用法。动词"便"其宾语可以为人、事物,也可以为 VP,无论是人、事物还是 VP,都是受益的对象。当宾语为君主时,表示"依附、逢迎;拥护、爱戴";当宾语为某项技能时,表示"擅长";当宾语为 VP 时,表示"易于"。"爱戴""易于"之间的关联在现代汉语中也可以看到,如"小孩子爱感冒""铁爱生锈"。"利于"和"擅长"之间的联系我们在英语中也可以找到对应,例如,"有利于"对应的英语为"be good to","擅长"对应的英语为"be good at"。先秦时期"便"的语义之间的关系如图 4.1 所示。

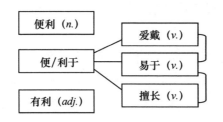

图 4.1　先秦时期"便"的语义之间的关系

4.2　西汉时期"便"的主要用法

西汉时期"便"开始出现表"立即"义的时间副词和承接副词用法。

4.2.1　表"立即"义的时间副词产生

(26) 少年欲立婴[便]为王。　　　　　　　【西汉《史记·项羽本纪》】

(26)的上、下文为：

东阳少年杀其令,相聚数千人,欲置长,无适用,乃请陈婴。婴谢不能,遂强立婴为长,县中从者得二万人。少年欲立婴[便]为王,异军苍头特起。陈婴母谓婴曰:"自我为汝家妇,未尝闻汝先古之有贵者。今暴得大名,不祥。不如有所属,事成犹得封侯,事败易以亡,非世所指名也。"婴乃不敢为王。谓其军吏曰:"项氏世世将家,有名于楚。今欲举大事,将非其人,不可。我倚名族,亡秦必矣。"于是众从其言,以兵属项梁。项梁渡淮,黥布、蒲将军亦以兵属焉。凡六七万人,军下邳。

从(26)的上、下文来看,"少年欲立婴便为王"可以理解为"东阳的年轻人想推举陈婴立即为王"。当时"县中从者得二万人","少年"想要借势推举陈婴为王,由于这是一个时机的问题,所谓机不可失,时不再来,强调时效性,因而这里的"便"凸显"立即"义。当然由于语义滞留作用,这里的"便"仍隐隐带有"就便"义,我们认为其可作"就便""立即"两解。

(27) 是时楼船将军杨仆使使上书,愿[便]引兵击东越。

【西汉《史记·东越列传》】

杨仆破番禺的事迹在《史记》的《南越列传》和《东越列传》中都有记载,属于同一事件的不同角度。因此我们要准确理解(27)中"便"的意义需要两篇文章同时参阅：

元鼎五年秋,卫尉路博德为伏波将军,出桂阳,下汇水;主爵都尉杨仆为楼

第4章 "便"的语法化

船将军,出豫章,下横浦……元鼎六年冬,楼船将军将精卒先陷寻陕,破石门,得越船粟,因推而前,挫越锋,以数万人待伏波……楼船将军兵以陷坚为将梁侯。

【西汉《史记·南越列传》】

至元鼎五年,南越反,东越王余善上书,请以卒八千人从楼船将军击吕嘉等。兵至揭扬,以海风波为解,不行,持两端,阴使南越。及汉破番禺,不至。是时楼船将军杨仆使使上书,愿[**便**]引兵击东越。上曰士卒劳倦,不许,罢兵,令诸校屯豫章梅领待命。

【西汉《史记·东越列传》】

(27)中"愿便引兵击东越"可以理解为"杨仆愿立即引兵攻打东越"。同时,由于南越已被收服,大兵离东越非常之近,可以顺便收服东越。但与(26)相比,这里的"便"更侧重于"立即"的时间义,从后文的"上曰士卒劳倦,不许"也可以看出,"便"更强调时间,如果强调地理位置上的顺便,大可以等士卒原地休养好再行攻打。

从(26)(27)两例可以看出,"便"在西汉时期已经出现表"立即"义的时间副词用法。"便"表"立即"义到东汉、魏晋时期已经非常常见,例如:

(28)至日中,奴不出,吏欲[**便**]杀涉去。 【东汉《汉书·游侠传》】

(28)的上、下文为:

遣奴至市买肉,奴乘涉气与屠争言,砍伤屠者,亡……知涉名豪,欲以示众厉俗,遣两吏胁守涉。至日中,奴不出,吏欲[**便**]杀涉去。涉迫窘,不知所为。会涉所与期上冢者车数十乘到,皆诸豪也,共说尹公。

(28)中"便"已逐渐淡化"就便"义,而专门强调时间意义了。(28)的大意为"到了中午,仆人还不出来,小吏要立即杀了涉离开……刚好'涉所与期上冢者'赶到",从上、下文来看,这里"便"宜理解为时间副词,表"立即"。以下诸例皆然。

(29)驰义侯遗兵未及下,上[**便**]令征西南夷,平之。

【东汉《汉书·武帝纪》】

(29)的句意为:"驰义侯遗兵尚未撤,皇上即令他移师征西南夷,平定了越地。"

(30)臣超区区特蒙神灵,窃冀未[**便**]僵仆,目见西域平定。

【南朝《后汉书·班超传》】

(30)的句意为:"但微臣班超特别幸运地得到了神灵的保佑,我希望不要立即倒下死去,愿亲眼看到西域归顺。"

(31)至,[**便**]问徐孺子所在。 【南北朝《世说新语》】

(31)的上、下文为:

(陈仲举)为豫章太守,至,[**便**]问徐孺子所在,欲先看之。主簿白:"群情欲府君先入廨。"陈曰:"武王式商容之闾,席不暇暖。吾之礼贤,有何不可!"

大意为:"(陈仲举)出任豫章太守时,一到郡,就打听徐孺子的住处,想先去拜访他。主簿禀报说:'大家的意思是希望府君先进官署视事。'陈仲举说:'周武王刚战胜殷,就表彰商容,当时连休息也顾不上。我尊敬贤人,不先进官署,又有什么不可以呢!'"

(32)帝恐休[便]渡江,驿马诏止。　　　　　　　【西晋《三国志》】

(32)的上、下文为:

三年,征东大将军曹休临江在洞浦口,自表:"愿将锐卒虎步江南,因敌取资,事必克捷;若其无臣,不须为念。"帝恐休便渡江,驿马诏止。时昭侍侧,因曰:"窃见陛下有忧色,独以休济江故乎?今者渡江,人情所难,就休有此志,势不独行,当须诸将。……苟霸等不进,休意自沮。臣恐陛下虽有敕渡之诏,犹必沉吟,未便从命也。"

大意为:"文帝担心曹休立即渡江,派驿马传送诏书命令他停止行动……臣恐怕陛下即使下诏书命令他们渡江,他们还要犹豫沉吟,未必肯立即服从命令。"

4.2.2　承接副词的出现

1. 表"便利"义的动词到承接副词

(33)郡不出铁者,置小铁官,[便]属在所县。　　【西汉《史记·平准书》】

《史记》中的这一例当可视为"便"由动词向承接副词的过渡。这里的"便"应该是"以……为便"的用法,而非当时较为常见的表"便于、利于"义的连接条件、目的的用法。(33)意为"(在)不出铁的郡,设置小铁官,出于便利,隶属于所在县",但"设置官吏""确定隶属"存在事理上的衔接关系,因此,这里的"便"又可以理解为表衔接的承接副词。

到了东汉时期,"便"作为承接副词已经是非常成熟的用法,表示两事紧承,如(34),表示逻辑连接,如(35)(36),用例都大量增加。

(34)其有夫妻者,便有恶露,恶露中[便]有子,已有子[便]有死亡,已有死亡[便]有哭泣,于是身有何益?　　【东汉《佛说摩邓女经》】

用于假设句,例如:

(35)真道空虚,日流就伪,更生饥渴,不饮不食[便]死,是一大急也。

【东汉《太平经》】

用于因果句,例如:

(36)令上无复所取信,下无所付归命,因两相意疑,[便]为乱治。

【东汉《太平经》】

2. 表"立即"义的副词到承接副词

同时,我们认为承接副词还有另一个来源,即"立即"义在语境的作用下发展为承接副词。

(37)其后饮醉形坏,但得老狗,[便]朴杀之。　　【东汉《风俗通义》】

这里"便"可以做"立即"和"承接"义两解,因此我们推断"便"做承接副词,还可能来源于表"立即"义的副词。

4.2.3　前人关于"便"做副词的研究

1. 关于副词用法出现的时间

关于"便"的副词用法出现的时间,目前主要有两种观点:一为先秦时期,一为西汉时期。多数学者,包括李宗江(1997)、孙锡信(2005)、张丽丽(2015b)等支持后者,认为出现于先秦时期的以杨树达(2008)为代表。

杨树达在《词诠》中对副词"便"的说明,举了《庄子》中的例子"若乃夫没人之未尝见舟而便操之也",认为"便"做副词始于战国时期。但是对于《庄子》中这个例子的解释大家有不同意见(后文我们会对此例进行详细分析),所以大多数学者"为稳妥计,不以先秦作为'便'最早出现的年代。汉代的例子则无可争议"(李宗江,1997)。

2. 副词的语法化动因和路径

学者们对"便"的语法化研究多数都是三言两语简略带过,因此多半并未区分"便"的时间副词用法和承接副词用法。下面我们也暂时以副词笼统称之。

关于副词"便"的语法化来源,各家的说法不尽相同。有来源不明说、源于"便利"说、源于"就便、趁便"说、源于"安闲、熟练"说等。下面我们逐一述评。

(1)来源不明说。

李宗江(1997)认为,副词"便"的来源说不清楚,在"便"的诸项实词意义中,难以找到副词与某一实词意义之间令人信服的密切联系。李宗江据此推测"便"的这一用法也许来自同音假借,不过目前也没有相关的研究成果。

(2)源于"便利"说。

杨荣祥(2005)提到,"便"在汉代开始用作表示"突发、短时"的时间副词,表示事件在短时间内实现或完成,可能是由表"便利"义的形容词"便"虚化而来的。我们认为形容词虚化为副词在句法上难以操作,在先秦汉语中"便"做形容词可以前加"不"或后加名词,而虚化为副词的条件是"便 + VP"。形容词>副词的演化路径难以说得通。

(3)源于"就便、趁便"说。

目前来看,源于"就便、趁便"的说法支持者较多,有杨树达、孙锡信和张丽丽。

较早提出"便"的副词用法源于"就便"义的是杨树达的《词诠》。尽管《词诠》是一部虚词辞书,但在"便"的条目下,杨树达对"便"的虚化来源进行了简单说明:"便,副词。本为'就便'之义,引申用之,则与'即'字义同。"但限于辞书的性质,杨树达并未进一步说明"便"是如何从"便利"义演化为"就便"义,又如何进一步发展出时间副词、承接副词及让步连词用法的。

孙锡信(2005)的观点与此类似。孙锡信认为"便"后跟名词时意为"适合",跟动词时则意为"以……为便"。例如:"和集周民,周民皆说,河雒之间,人便思之。"(《史记·郑世家》)"人便思之"意为"人们以思之为便"。此处的"便"仍应视为动词,但处在动词前的"便"运用开来以后便渐由"以……为便"转为顺承前文的"遂便"义。总结起来,孙锡信认为该用法的演化路径为:动词(以……为便)>承接副词(遂便)。

对于孙锡信的观点我们并不完全赞同。对"便"的意义归纳,孙锡信认为"便+VP"是"以 VP 为便",对于孙锡信是否认为"以……为便"是形容词"便"的意动用法,我们不敢妄加猜测,但孙锡信接下来所举的例子则与我们的分析大相径庭。孙锡信认为"人便思之"是"人们以思之为便",从上、下文①来看,这个释义很难解释得通。我们认为这里的"便"应该是"爱戴、拥护"之义,而并非"以(思之)为便"的意思,具体请参看前文。语法化研究中,寻找关键例句是十分重要的环节,我们认为孙锡信援引的这个例句可能并不十分恰当。

张丽丽区分了"便"的两种副词用法,一种为承接副词,另一种为时间副词(表"立即"义),并且认为"便"先发展出承接副词的用法,进而发展出时间副词的用法。杨树达和孙锡信并未区分二者。

张丽丽(2015b)认为"便"的副词用法(承接副词用法)来自"趁便"义。张丽丽对此的解释较为复杂,现择要转述如下。根据张丽丽的观察,主语 X 与"便"之间往往可以插入关联词,比如"以""而""且""则""则是"等,显示出主语和"便"后的词语或小句已然具有目的、条件等复句关系。由于在"便+VP"这样的结构中,"便"字句本身就蕴含复句关系,当"便"的主语与后接成分均为 VP 时,就具备了发展为复句的基本条件。除此之外,还需要另一个条件的配合,即在"X,以便 Y"中,执行者想趁 X 提供的有利状况去执行事件 Y,且需

---

① 上、下文为:"郑桓公友者,周厉王少子而宣王庶弟也。宣王立二十二年,友初封于郑。封三十三岁,百姓皆便爱之。幽王以为司徒。和集周民,周民皆说,河雒之间,人便思之。"(《史记·郑世家》)

要"X，以 Y"为单次事件，而不是普遍情况。"便"有一种用法是表示执行者所欲达成的有利目的，指的是这样的句子："九疑之南，陆事寡而水事众，于是民人被发文身，以像鳞虫；短绻不绔，以便涉游；短袂攘卷，以便刺舟。"（《淮南子》）正是在这种用法中，"便"开始虚化，原本表示执行者有意执行事件 X 使得 Y 有利，但这句话的意义也可能是执行者想趁事件 X 所提供的有利状况执行事件 Y。产生不同理解的关键在于 Y 是得利的事件，还是主语想执行的事件。能够有此新解，关键在于"便"所陈述的事件是一次性的还是多次性的。"短绻不绔，以便涉游；短袂攘卷，以便刺舟"，陈述当地人的特殊穿着是为了有利于从事水上活动，此乃普遍状况，而非单次性行为。"而乃令秦攻王，以便取阴"（《战国策》），则为单次性事件，因而可以两解，既可表示"令秦攻王，以有利于取阴"，也可以表示"令秦攻王，以趁此之便取阴"。这是因为单次性事件才有可乘之机，若是普遍状况，就不会产生这样的歧义。在新的解释中，"便 + VP"便从述宾结构转为状中结构。一旦"便 + VP"由述宾结构转为状中结构，"便"就虚化为副词了。

总结起来，张丽丽（2015b）认为"便"虚化为承接副词有两个条件，第一个条件为"便"总是处于表条件、目的等的复句中。第二个条件更为复杂，既要分析执行者的意图，又要分析事件是单次性的还是多次性的。我们认为表条件、目的并非"便"所起的作用，而是句中"以"的作用，不考虑"以"，"便"仍然表"便于、易于"。至于第二个条件，我们姑且不论其是否合理，只是如果需要如此复杂、曲折的推理，估计这并不是一条比较通畅的语法化之路。

(4) 源于"安闲、熟练"说。

谷峰（2008b）在说明语法化的转喻动因时提到"便"的"立即"义是由"安闲、熟练"义引申而来的，但并未具体举例。文中还列举了汉语中其他一些相关的语法化现象。比如"立"由动词义"站立"虚化为"立即、马上"义的副词用法，是由于"立"是不费力的静态动作，由不费力能够自然想到动作不费时，"立"引申出"短时（迅疾）"义与"动作—动作时间"这对相关概念的联想过渡有关，属于转喻范畴。同样的动因也可以解释汉语史上表静态的"坐""马上"也引申出了"立即"义。

我们并非完全赞同谷峰的观点，但谷峰的看法与我们的最为接近。

4.2.4 我们的观点

我们认为"便"做副词的确例出现于西汉时期，而且从表面上看，时间副词和承接副词几乎同时出现在西汉时期，这是因为二者是从表"方便"的动词和形容词（意动）用法分别发展而来。

1. 时间副词的语法化

"便"的时间副词用法源于"便 + VP"结构。杨树达在《词诠》中举了一个非常重要的例子,即《庄子》中的一段话:"颜渊问仲尼曰:'吾尝济乎觞深之渊,津人操舟若神。吾问焉,曰:"操舟可学邪?"曰:"可。善游者数能。若乃夫没人,则未尝见舟而便操之也。"吾问焉而不吾告,敢问何谓也?'"后来所有对"便"的研究都不可避免地要提到这个例子。尽管我们和大多数学者一样,并不认为该例中"便"已经是副词用法了,但该例确实是促使"便"虚化的一个特殊语境。

我们先来看看先秦及西汉时期"便 + VP"的用例:

(38) 故人君者先[**便**]请谒而后功力,则爵行而兵弱矣。【战国《商君书》】

(39) 李斯问孙卿子曰:"秦四世有胜,兵强海内,威行诸侯,非以仁义为之也,以[**便**]从事而已。" 【战国《荀子》】

(40) 短绻不绔,以[**便**]涉游。短袂攘卷,以[**便**]刺舟。【西汉《淮南子》】

(41) 刀[**便**]剃毛,至伐大木,非斧不克。 【西汉《淮南子》】

(42) 故五子之言,所以[**便**]说掇取也,非天下之通义也。

【西汉《淮南子》】

(43) 今又以何阳、姑密封其子,而乃令秦攻王,以[**便**]取阴。

【西汉《战国策》】

以上诸例中的"便 + VP"中的"便"仍应理解为动词"便于、易于",VP是受益的对象,此意义自然可以引申为"容易、轻易、上手快"的意思,并进一步引申出"迅速、立即"义,比如在(44)(45)例中可以理解为"便于、易于",也可以理解为"很快,迅疾"。

(44) 颜渊问仲尼曰:"吾尝济乎觞深之渊,津人操舟若神。吾问焉,曰:'操舟可学邪?'曰:'可。善游者数能。若乃夫没人,则未尝见舟而[**便**]操之也。'吾问焉而不吾告,敢问何谓也?" 【战国《庄子》】

(45) 善游者不学刺舟而[**便**]用之,劲筋者不学骑马而[**便**]居之。

【西汉《淮南子》】

(44)中的"便"也有学者认为可以解释为"熟习、擅长"(李宗江,1997),但"未尝见舟"(从来没见过船),怎么能谈得上"熟习、擅长"(划船)呢?因此,解释为"易于""迅速"义更合适。谷峰(2008b)认为"便"的"立即"义由"安闲、熟练"义引申而来,应该也是将该例中的"便"理解为"熟练"的缘故。从"易于做某事"到"迅速"是很自然的联想,这种转喻机制在语言中比较常见,比如英语"easy come, easy go",汉语翻译为"来得容易,去得快/来之何易,去之何速"。"Hair dries quickly."直译是"头发(可以)很快吹干",更好的翻译是"头发容易吹干。"。正是基于这样的自然联想,"便+VP"可以有动宾(便于做某事)和状中(迅速做某事)两种理解,由此"便"具备了向表"迅速"的时间副词虚化的可能。(44)(45)两例中"便"可以做两解,但还算不上是副词的用法,在语义上也还受到限制,句子的主语仍需具备对"便"后的 VP 有利的条件。将两例简化则得到"没人便操之(舟)""善游者便用之(舟)""劲筋者便居之(马)"。可以看出前面做主语的名词性词语,一定要具有某项特殊技能,或具备某些素质,从而对后面的 VP 有利,使 VP 变得容易。随着"便"主语的类推泛化,主语的意义类型突破这一限制,"便"开始向副词转化。(46)~(48)是西汉时期的一些过渡用例,在这3个例句中"便"同时保有"便于、易于""迅速"的意义,不过各有侧重。

(46)少年欲立婴[**便**]为王。 【西汉《史记·项羽本纪》】

(47)是时楼船将军杨仆使使上书,愿[**便**]引兵击东越。

【西汉《史记·东越列传》】

(48)司马长卿[**便**]略定西夷,邛、筰、冉、駹、斯榆之君皆请为内臣。

【西汉《史记·司马相如列传》】

"立即"义由"迅速"义引申而来。在古代英语中也有类似的演化路径:rapidly(迅速)>immediately(立即)。因此,"便"表"立即"义的时间副词用法的发展路径为:"便于、易于">"迅速">"立即"。

2. 承接副词用法

"便"表示"方便的、有利的"意义时,可以视为形容词用法,当形容词做意动使用,即表示"以……为便"时,就带有承接功能了,如:"郡不出铁者,置小铁官,便属在所县。"这样"便"就发展出了表事理衔接的承接副词用法了。

"便"发展出"迅速、立即"义,做时间副词之后,由时间上的接近又发展出前后两事紧承的承接副词用法。除了语义上表"迅速"与紧承直接相关外,"便"的承接功能还需要适当的句法环境,那就是"VP,便+VP",比如:"至,便问徐孺子所在。""便"表示"迅速",同时也表示两件事在发生时间上快速衔接。

我们认为"便"做副词的虚化路径分为:形容词("以……为便")>承接副词;动词("便于、易于")>时间副词("迅速、立即")>承接副词。也就是说,"便"的承接副词用法有两条演化路径,一是直接来源于形容词的意动用法,即表"以……为便",二是来源于表"立即"义的时间副词。当然,表"立即"义的时间副词用法也来源于表"利于、便于"的动词用法,自然有原始语义的滞留,否则单凭"立即"义恐怕无法发展出承接副词用法。

与我们的观点相反,张丽丽(2015b)认为,"便"的虚化路径为:动词("趁便")＞承接副词＞时间副词("立即")。

对于(46)(47)(48),张丽丽认为都是承接副词的用例,认为3个例句中"便"都不能理解为"有利"之义,只能解释为"趁此之便"。我们认为确实这些例句中的"便"已经不表示"有利(于)"义,而表示"迅速、立即"的意义。从"时间副词＞承接副词"是十分自然的语法化路径,而张丽丽所主张的"承接副词＞时间副词"则会遇到一些难以解释的问题。这从张丽丽(2015a、2015b)的解释中也可以看出,张丽丽认为从承接副词到表"立即"义的时间副词要受到多种用法的推动,解释得未免有些牵强。事实上,张丽丽构拟的路径最难解释的一点在于:承接副词用于小句之间,而时间副词用于小句内部,这种从小句连接成分到小句内部成分的语法化恐怕在语言中较难实现。

4.2.5 副词的语法化小结

综上,我们认为"便"的副词用法出现在西汉时期,其语法化路径为:
(1)动词("便于、易于")＞时间副词("迅速、立即")＞承接副词。
(2)形容词("以……为便")＞承接副词。
副词用法的语法化动因是一系列转喻机制。

"便"的语法化一直以来是语法史研究的一个难点,主要原因有二:第一,语法化的动因不明确;第二,可重新分析的语例较少见。对于第一点,我们认为从转喻视角切入,其虚化动因还是可以解释得通的;至于第二点,我们只能尽量寻求合理的解释来构拟"便"的语法化路径。

4.3 东汉、六朝时期"便"的主要用法

东汉、六朝时期,"便"的副词用法已经成熟,在时间副词的基础上又发展出强调副词和表"主观量"的各种用法。

4.3.1 强调副词

东汉时期,"便"开始出现近乎加强语气的强调副词用法。
(49)人何由变易其形,[便]如火烁铜器乎?　　　　　【东汉《论衡》】
一方面,(49)应该理解为:"人通过什么方式来改变自己的形体,方便得像炉火熔化铜器那样呢?"(在《论衡》中"便"都表示"便利、便于")另一方面,由于语境作用,这里的"便"也可以语义虚化为表示加强语气的强调副词,类似于现在的"就(像)",因此该句也可以理解为:"人通过什么方式来改变自己的形体,就像炉火熔化铜器那样呢?"

(50)儒书言:"楚熊渠子出,见寝石,以为伏虎,将弓射之,矢没其卫。"或曰:"养由基见寝石,以为兕也,射之,矢饮羽。"或言:"李广。"[**便**]是熊渠、养由基、李广主名不审,无实也。　　　　　　　　　　　　【东汉《论衡》】

关于(50)中的"便",学界通常认为是让步连词的用法,我们有不同意见①,我们认为这里的"便"应视为强调副词用法。

到了六朝时期,"便"做强调副词已经比较常见,如(51)(52)(53),而且出现了用于选择句的"(若)非……便是……"搭配,如(54)(55)。

(51)鬼神,古今圣贤所共传,君何得独言无? 即仆[**便是**]鬼。

【六朝《搜神记》】

(52)臣比陈愚见,[**便是**]都无可采,徒烦天听,愧怍反侧。

【六朝《宋书·范泰传》】

(53)先帝登遐之日,[**便是**]道消之初。　　【六朝《宋书·范泰传》】

(54)房妙尽阴阳,其当有以,若非深理难求,[**便是**]传者不习,比敕详求,莫能辨正,聊以余日,试推其旨,参校旧器……　　【六朝《全梁文》】

(55)夫人或梦上腾玄虚,远适万里,若非神行,[**便是**]形往邪。形既不往,神又弗离,复焉得如此?若谓是想所见者,及其安寐……【六朝《全梁文》】

4.3.2 表"主观量"

"便"在东汉时期开始出现表"主观量"的用法,语义前指,表"主观小量",带有"早、快、少"的主观义。

(56)时北壁上有悬赤弩,照于杯中,其形如蛇。宣畏恶之,然不敢不饮,其日[**便**]得胸腹痛切,妨损饮食,大用羸露,攻治万端,不为愈。

【东汉《风俗通义》】

(57)须臾[**便**]与俱还。　　　　　　　　　【东汉《风俗通义》】

(58)帝时为太子,好养武士,一夕中作池,比晓[**便**]成。今太子西池便是也。　　　　　　　　　　　　　　　　　　　　　【六朝《世说新语》】

(59)纯取雌鸭,无令杂雄,足其粟豆,常令肥饱,一鸭[**便**]生百卵。

【六朝《齐民要术》】

---

① 《论衡注释》(北京大学历史系《论衡》注释小组,中华书局,1979年,第463页)解释为:"即使熊渠子、养由基、李广究竟谁是当事人弄不清楚,无实(据递修本改为'害')也,也没有什么关系。"我们认为也许应断为"或言李广便是","便"仍为动词。东汉及六朝的所有文献中"便是"都意为"就是",表示强调,如此一来,(50)中的"便"解释为"即使"便成了孤例。据我们观察,"便"表示"即使"义要到唐五代时才出现,详见下文分析。

4.3.3 源自时间副词用法

强调副词和表"主观量"用法都源自时间副词用法。从时间上的紧密衔接到两个概念域的迅速转换,产生了"便"的强调副词用法。表"主观量"也是由"迅速、立即"义引发的。当然,这其中也少不了语境推理的作用。例如:

(60) 英公尝言:"我年十二三为无赖贼,逢人则杀;十四五为难当贼,有所不快者,无不杀之;十七八为好贼,上阵乃杀人;年二十,[便]为天下大将,用兵以救人死。" 【唐《隋唐嘉话》】

二十岁成为大将军,"便"显然具有了前指表"主观小量"的意义。

(61) 才死渠[便]嫁,他人谁敢遏。 【唐寒山《诗三百三首》】

古代丈夫死了,女人应该守节,而"才死"立即嫁人,赋予了"便"表"主观小量"义。

4.4 唐五代及以后"便"的让步用法

对于"便"的副词用法我们和前人的观点有很大不同,对于"便"的让步用法的产生路径我们也有不同的看法。

4.4.1 前人的研究

1. 孙锡信的观点

孙锡信(2005)认为"便"表示"即使""纵然"的让步连词用法在南北朝时已经产生。

孙锡信的具体用例为:

"a. 凤等问敦曰:'事克之日,天子云何?'敦曰:'尚未南郊,何得称天子!便尽卿兵势,保护东海王及裴妃而已。'(《魏书·僭晋司马叡传》)

b. 时司空王敬则问射声校尉萧坦之曰:'便如此,不当匆匆邪?'坦之曰:'此政当是内人哭声响彻耳。'(《魏书·岛夷萧道成传》)"

对于让步连词用法的演化路径,孙锡信认为其基于错项移植。孙锡信认为,表示"遂便"义的副词"便"与表示"即使"义的连词"便"究竟是什么关系似乎不好遽作回答,因为二者不仅表义不同,而且语法位置也相异。副词"便"用于句中动词前,让步连词"便"却用于小句开头。这两种用法从语法位置到语法意义都相去甚远,这使得论证从副词"便"到让步连词"便"的虚化路径变得十分困难。比较"即"和"便"的虚化历程可以看出二者的差异:"即"从动词到副词再到连词有一条连续的虚化链,而"便"从动词到副词的虚化与"即"从动词到副词的虚化相仿,均从用于名词前变为用于动词前,语法位置的变化为"即""便"词义的虚化创造了条件,但"便"从副词到连词的虚化却少了一个环节,即"便"没有像"即"那样的用于句中表示"如果"义的假设连词用法。"便"从表"遂便"义的副词变为表"纵使"义的让步连词不是自身自然演变的结果,而是受"便"以外词语的影响所致,这个词语就是"即"。"便"从汉代产生副词用法后与副词"即"的意义、用法完全相同,因此二者可以互换。例如:"雨住便生热,云晴即作峰。"(庾信《喜晴》)"热即池中浴,凉便岸上歌。"(唐王梵志诗)此二例中"便""即"互文,"即便""便即"连文用例也十分常见,表明"即""便"通用率很高。"即""便"的长期通用使人们产生一种类推心理,以为"即"与"便"完全相同,以致将"即"的让步连词的意义、用法错项移植到"便",使"便"也产生出表"即使""纵然"义的让步连词用法。"便"用作让步连词虽在南北朝时已见用例,但大量运用却在中古以后。

2. 我们与孙锡信的意见不同

我们并不认为南北朝时期已经出现了"便"的让步用法,该用法应该出现在唐五代时期。另外,对于孙锡信(2005)举的"便"的让步用法的例子,我们认为值得商榷。

"a. 凤等问敦曰:'事克之日,天子云何?'敦曰:'尚未南郊,何得称天子!便尽卿兵势,保护东海王及裴妃而已。'(《魏书·僭晋司马叡传》)

b. 时司空王敬则问射声校尉萧坦之曰:'便如此,不当匆匆邪?'坦之曰:'此政当是内人哭声响彻耳。'(《魏书·岛夷萧道成传》)"

a 例张丽丽也认为是让步用法的例子,我们在 4.1.4 再行论述。这里我们先看 b 例。将 b 例的上、下文引用加长,有利于我们判定"便"的用法:

b. 赜将葬,丧车未出端门,昭业[**便**]称疾还内,裁入阁,[**便**]于内奏胡伎,鞞铎之声,震响内外。时司空王敬则问射声校尉萧坦之曰:"[**便**]如此,不当匆匆邪?"坦之曰:"此政当是内人哭声响彻耳。"

在这段文字中,"便"出现了 3 次,前两个"便"都为副词,兼表"主观量""早、快",第三个"便"(即孙锡信文中引用的这句)则显然同前两个"便"的用法相同,文中的"如此"即指前文的"称疾还内""于内奏胡伎"。

根据我们的观察,魏晋六朝时期并未见到"便"的让步用法,唐代仍未发现该用法的确切例子。我们分别搜索了唐代小说和唐诗中的"便"。在唐代小说中有一疑似用例:

(62)玉曰:"妾年始十八,君才二十有二,迨君壮室之秋,犹有八岁。一生欢爱,愿毕此期。然后妙选高门,以谐秦晋,亦未为晚。妾[**便**]舍弃人事,剪发披缁,夙昔之愿,于此足矣。"

【唐《霍小玉传》】

虽然(62)中的"便"也出现在为首的小句中,但根据语境,这里的"便"仍为承接副词的用法,从篇章上说兼有引出相关话题的作用,"君……,妾便……"。唐诗中我们在李贺和杜甫的诗中发现两个"便"用于上句的例子,但应该都不是让步用法。

(63)新槽酒声苦无力,南湖一顷菱花白。眼前[便]有千里愁,小玉开屏见山色。
【唐李贺《江楼曲》】

诗的大意:"喝了槽床新沥的美酒佳酿,还是无力驱遣那愁绪,想观南湖佳景来散心遣愁,那里菱花盛开,连缀成白茫茫的一片。触目驰怀,又想起远方的亲人来,忙命侍女推开屏风,希望看得更远,但映入眼帘的却是连绵不断的山色。"

尽管"便"出现在上句,但显然下句并非转折,因而不是让步用法。再看杜甫的诗句:

(64)郑公樗散鬓成丝,酒后常称老画师。万里伤心严谴日,百年垂死中兴时。苍惶已就长途往,邂逅无端出饯迟。[便]与先生应永诀,九重泉路尽交期。
【唐杜甫《送郑十八虔贬台州司户》】

我们认为(64)中的"便"仍为强调副词用法,与杜甫的另一首诗比较:

(65)非无江海志,萧洒送日月。生逢尧舜君,不忍[便]永诀。当今廊庙具,构厦岂云缺。葵藿倾太阳,物性固莫夺。
【唐杜甫《自京赴奉先县咏怀五百字》】

显然,(65)中的"便"为强调用法,我们认为(64)中的"便"与(65)中的"便"的用法应该是一致的。

因此,在目前所见到的唐代以前的文献中尚未出现"便"做让步连词的用法。

3. 张丽丽的观点

张丽丽认为"便"在历史上不仅产生过让步连词用法,还曾出现过表假设的用法,对此我们有不同看法。

关于假设用法张丽丽(2009)的观点:

"a. 帝常疑太子不慧,且朝臣和峤等多以为言,故欲试之。尽召东官大小官属,为设宴会,而密封疑事,使太子决之,停信待反。妃大惧,倩(请)外人作答。答者多引古义。给使张泓曰:'太子不学,而答诏引义,必责作草主,更益谴负。不如直以意对。'妃大喜,语泓:'[便]为我好答,富贵与汝共之。'"

张丽丽(2009)认为a例中"便"属于假设用法。其实不然,这里依然是承接用法,承接张泓的建议,意为"(既然如此),(你)就……"。以贾皇后的"暴戾""酷虐"来看,与其说是假设,不如说是祈使。"便尽卿兵势,保护东海王及裴妃而已。"也是这种用法,承接上文的祈使。

张丽丽(2015b)也认为这样的用法当属承接副词用法,与张丽丽(2009)的看法自相矛盾了。在张丽丽(2015b)中,张丽丽提到:"(43)恁时节,便休却外人般待我。(金《西厢记诸宫调》卷2)我们认为此例即本文所称的广义承接用法。前所举东汉六朝时期的广义承接用例……是说话者对听者提出建议或要求,如'便说'、'便斟酌'、'便还精舍'、'便牵马归'、'便可去'等,也属同类用法。如前所言,广义承接用法衍生自承接用法,只是所承内涵由具体的前承句转为抽象指涉,意思相当于'在此情况下,便……'。例句(43)的前承内容其实出现在语境中,即前句的'恁时节'。"

"b.及业僭称凉王,其右卫将军索嗣构玄盛于业,乃以嗣为敦煌太守,率骑五百而西,未至二十里,移玄盛使迫己。玄盛惊疑,将出迎之,效谷令张邈及宋繇止之曰:'吕氏政衰,段业暗弱,正是英豪有为之日,将军处一国成资,奈何束手于人!索嗣自以本邦,谓人情附己,不虞将军卒能距之,一战而擒矣。'宋繇亦曰:'大丈夫已为世所推,今日[便]授首于嗣,岂不为天下笑乎!'"

上例张丽丽(2015b)认为也属于假设用法。其实应视为转折,相当于现在的"却"。根据张丽丽的观点,"却"依然属于广义承接用法,即也可看作是承接副词。

"c.将以庶人礼葬之,贾后表曰:'遹不幸丧亡,伤其迷悖,又早短折,悲痛之怀,不能自已。妾私心冀其刻肌刻骨,更思孝道,规为稽颡,正其名号。此志不遂,重以酸恨。遹虽罪在莫大,犹王者子孙,[便]以匹庶送终,情实怜愍,特乞天恩,赐以王礼。'"

上例张丽丽(2015b)认为也属于假设用法。虽然视为假设也说得通,但联系上文"将以庶人礼葬之"可以看出,这里依然是承接上文。

综上,我们并不认为历史上"便"曾出现过表假设的用法,至少当时和后世的文献阅读者并未做此理解,这也是"唐以后纯粹做'假设连词'的'便'几乎见不到"(张丽丽,2009)的根本原因。

张丽丽(2015b)关于让步/纵予连词出现的时间、援引的用例及语法化路径的观点:纵予用法形成于六朝,发展于唐朝,从宋朝到清朝均十分发达。

"a.蜀远吴近,又闻中国伐之,[便]还军,不能止也。(《三国志》裴松之注)"

a的译文:"蜀国远,吴国近,蜀国听闻中国来攻打,就(会)/迅速撤军,(我们)阻止不了。"

张丽丽(2015b)认为"便"在这里表示纵予,未免断章取义了。古汉语里的流水句,对于前句来说是前景信息,对于后句来说为背景信息,所以有表纵予的错觉。事实上这里解释为"即使"并不符合原意。"即使蜀还军,我们也不能阻止。""即使我们还军,也不能阻止蜀。"无论做哪种理解都与上、下文抵牾。

"b.王含谓敦曰:'此乃家事,吾当自行。'于是以含为元帅。凤等问曰:'事克之日,天子云何?'敦曰:'尚未南郊,何得称天子![便]尽卿兵势,保护东海王及裴妃而已。'"

b中"尚未南郊,何得称天子!便尽卿兵势,保护东海王及裴妃而已。"的译文:"还没南郊祭天,哪能够称天子!只管出动你们所有的兵力,保护东海王和裴妃而已。"

这里的"便"同样是说话者对听话者提出的建议或要求,表示祈使,仍应看作是广义承接用法,而并非让步连词用法。

张丽丽(2015b)将历史上"便"的用法归纳为表承接、纵予和强调,纵予用法来自强调用法。

由于援引的例句并非让步连词的用例,其推导的演化路径自然是站不住脚的。况且以上两例中"便"的用法也并非表强调的语气副词,"便还军"中的"便"当为时间副词,而"便尽卿兵势"中的"便"则应理解为承接副词。

4.4.2 让步用法

1.让步用法的出现

(66)倾国倾城人闻说,尚与国王有分离。勤发愿,速修行,浊世婆娑莫恋营,[便]须受戒归政法,净土天中还相逢。无限难思意味长,速须觉悟礼空王,三八士须断酒肉,十斋直要剩烧香,更能长念如来好,一切时中得吉祥。

【五代《敦煌变文选·欢喜国王缘》】

(67)尔时太子悟身之而非久,了幻体之无常。其夜子时,感天人而唱道,唤云:"太子,修行时至,何得端然?"太子忽从睡觉,报言空中:"如此唤呼,是何人也?"即时空中报曰:"我是金团天子,遣助太子修行。正是去时,何劳懈怠。"太子答曰:"我大王令五百官监,守伴三时,不离终朝,如何去得。"天人答言:"我交一瞌睡神下界,令百人尽皆昏沉,即[便]相随,有何不得?"

【五代《敦煌变文选·八相变》】

(66)中有"勤发愿,速修行""速须觉悟礼空王",因此我们认为这里的"便"也应理解为表"立即"义的时间副词,"便须受戒皈政法,净土天中还相逢"的意思是"必须要立即受戒皈依政法(了),(可是)净土天中还会相逢的"。汉语中特有的上、下联的句式使得整句表达"即使……,也/还……"的意义。

(67)中的"便"可以两解为承接副词和让步连词。从与前句的关系来看,

"我交一瞌睡神下界,令百人尽皆昏沉,即便相随","(即)便"为承接上句的承接副词,从与后句的关系来看,"即便相随,有何不得","便"则可视作让步连词,"即使……有什么不可以的呢"。

以上两例是"便"发展出让步连词用法的初始语境。

宋以后,"便"的让步连词用法开始较为常见。

(68) 梦魂随月到兰房。残睡觉来人又远,难忘。[**便**]是无情也断肠。

【北宋晏幾道《南乡子·画鸭懒熏香》】

(69) 多情自古伤离别。更那堪、冷落清秋节。今宵酒醒何处,杨柳岸、晓风残月。此去经年,应是良辰好景虚设。[**便**]纵有千种风情,更与何人说。

【北宋柳永《雨霖铃·寒蝉凄切》】

(70) [**便**]有誓书铁券,我也不怕。 【明《水浒传》】

(71) 你[**便**]有一万人马,也近他不的。 【明《水浒传》】

(72) 便说道:"[**便**]愿意去,也须得你们带了我回声老太太去。"

【清《红楼梦》】

2. 流水效应

从(66)(67)两例可以看出,"便"做让步连词似乎既可以来自时间副词,也可以来自承接副词,这当中基于语境的语用推理起了主要作用,但是否有一个统一的机制可以解释这一切呢?我们认为这是基于语言中一种较为特殊的机制——流水效应。语言的很多方面都具有流水性,因而"流"是语言中经常使用的一个隐喻,比如,语流音变、信息流等。语言中语句可断可连的流水特性,使得某个词项可以重新分析,诱发出新的语法功能,我们称这种语法化动因为流水效应。

"便须受戒归政法""净土天中还相逢"可以看作是两个小句,也可以连接起来视为一个复句的两个分句,连接起来之后"便"与"还"在语气上前后呼应,"便"带上了让步的色彩。

"我交一瞌睡神下界,令百人尽皆昏沉,即便相随,有何不得?"①中"即便相随"是这一语境中流水效应的核心,从其与前句的关系看,"即便"应为承接功能,但从其与后句的关系来看,由于后句"有何不得"为反问语气,因此"便"就表现出了一定的让步意味。

后句为"还/也"或者反问句是让步从句的典型特征,(66)(67)正是"便"发展出让步连词用法的典型语境。

---

① "即"在历史上并未发展出成熟、纯粹的让步连词用法,因此这里我们只考虑"便"。

4.5 "便"的重新提及话题用法

在考察"就"的共时用法时,我们发现"就"具有重新提及话题的功能,即该话题在上文中已经出现,相隔若干个语句之后,再次提及时可以使用"就",我们称这种功能为重新提及话题。无独有偶,在考察"便"的用法时我们也发现了这样的用例:

(73)赵姨娘……指着芳官骂道:"……你是我银子钱买来学戏的……宝玉要给东西……"芳官……一行说:"……难道这不是好的?我[**便**]学戏……"

【清《红楼梦》】

前面赵姨娘说"你是我银子钱买来学戏的",又说"拿这个哄他"。后面芳官逐条进行反驳,先是申明自己并非有意哄骗,接着又说起"学戏"一条,用"便"来承接前文。"便"的这种用法与通常意义上的承接上、下小句的承接副词用法不同。

我们认为这种用法当与承接副词用法直接相关,只是由承接上、下句扩大至在整个语段中隔句承接前面的话题。

4.6 小结

"便"在先秦时期为实词,但其表现出的语法特性比较复杂,既可以做名词,也可以做动词和形容词。自两汉开始虚化,发展出表"立即"义的时间副词、承接副词、强调副词、前指表"主观小量"、让步连词及重提相关话题的功能。"便"的历时演化路径如图4.2所示。

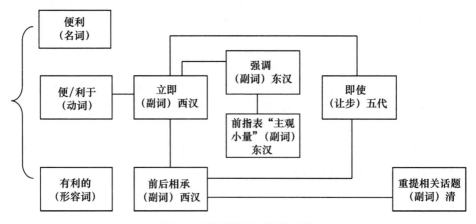

图 4.2 "便"的历时演化路径

第5章 "即"的语法化

"即"在历史上有表承接、表假设、表判断等各种用法,在承接用法上与"就""便"的用法基本一致,在历史上呈现为互补关系。在"即""便""就"三者中,"即"的虚化出现得最早,也最难追踪。目前能够看到的最早的文献(暂不考虑甲骨文)始于周代,最迟到西汉时期,"即"的各种虚词用法,包括表"立即"义的时间副词、承接副词、判断动词、假设连词用法,已经基本全部出现,我们分西周和春秋战国两个时期对这些用法的演化过程进行考察。

5.1 西周时期"即"的主要用法

对于西周时期"即"的主要用法,我们主要考察了《今文尚书》《周易》和《诗经》3部文献。在西周时期,"即"的用法基本上均可以视为动词用法,只是所接的宾语类型丰富多样,这也为"即"进一步语法化提供了前提和条件。事实上,承接用法此时已初现端倪。下面我们主要观察"即"在这一时期的宾语的类型。

5.1.1 宾语为名词

1. 宾语为具体名词

宾语可以是事物,如(1)(2),可以是地点,如(3)(4)(5)(6),也可以是人,表示"趋近"。

(1)[即]鹿无虞,惟入于林中。　　　　　　【周《周易·屯卦》】

(1)的译文:"追捕麋鹿时没有熟悉山林的人当向导,只是空入茫茫林海。"

即:接近,这里指追逐。鹿:麋鹿。虞:掌管山林的官,这里指熟悉山林的人。

(2)鼎有实,我仇有疾,不我能[即],吉。　　【周《周易·鼎卦》】

(2)的译文:"鼎中有食物,我妻子有病,不能和我同吃,吉利。"

高亨注:"《说文》:'即,就食也。'此用其本义。"

(3)往[即]乃封,敬哉!　　　　　　【周《尚书·周书·蔡仲之命》】

(3)的译文:"你前往你的封地,要敬慎呀!"
(4)子墨子自鲁[即]齐。 【战国《墨子》】
(5)旅[即]次,怀其资,得童仆,贞。 【周《周易·旅卦》】
(5)的译文:"行到市场,怀揣钱财,买来奴隶,占得吉兆。"
次:旅行时停留的处所。
(6)止旅乃密,芮鞫之[即]。 【春秋《诗经·大雅》】
止旅乃密:指前来定居的人口日渐稠密。芮鞫(ruì jū):朱熹《诗集传》载:"芮,水名,出吴山西北,东入泾。《周礼·职方》作汭。鞫,水外也。"
春秋战国时期,仍然可以看到"即"做动词,后接处所宾语。
(7)先时五日,瞽告有协风至,王[即]斋宫,百官御事,各即其斋三日。
【春秋《国语·周语·虢文公谏宣王不籍千亩》】
(7)的译文:"……天子莅临斋宫,百官各有其职,都一齐斋戒三天。"
(8)是行也,以藩为军,攀辇[即]利而舍,候遮扞卫不行。
【春秋《国语·晋语·叔向论忠信而本固》】
(8)的译文:"在这次行动中,晋军只设藩篱为营,牵引战车到水草便利的地方驻扎,白天不用瞭望和掩蔽,夜里不设岗哨捍卫。"
宾语还可以是人,为人称代词。
(9)东门之栗,有践家室。岂不尔思?子不我[即]! 【春秋《诗经·东门之墠》】
(9)的译文:"……怎么会不思念你呢?是你不肯亲近我啊!"
即:就,接近。
(10)匪来贸丝,来[即]我谋。 【春秋《诗经·氓》】
虽然(10)"即"前有"来"、后有"谋",但我们认为"即"在这里还是可以视为位移动词。
(11)抑此皇父,岂曰不时?胡为我作,不[即]我谋? 【春秋《诗经·十月之交》】
《毛诗故训传》:"女何为役作我,不先就与我谋?"
(12)我虽异事,及尔同寮。我[即]尔谋,听我嚣嚣。【春秋《诗经·板》】
(12)的译文:"……我来和你一起商议,不听忠言还要嫌弃。"
及:与。同寮:同事。寮,同"僚"。嚣(áo)嚣:同"聱聱",不接受意见的样子。
(13)[即]我御事,罔或耆寿,俊在厥服,予则罔克。
【周《尚书·周书·文侯之命》】
(13)的译文:"即我治事之臣,无有耆宿寿考俊德在其服位,我则材劣无能之致。"

2. 宾语为抽象名词

(14) 织皮昆仑、析支、渠搜,西戎[即]叙。　　【周《尚书①·夏书·禹贡》】

(14) 的译文:"织皮的人民定居在昆仑、析支、渠搜三座山下,西戎各族就安定顺从了。"

(15) 今我[即]命于元龟,尔之许我,我其以璧与珪归俟尔命。

【周《尚书·周书·金縢》】

(15) 的译文:"现在我来听命于大龟,你们允许我,我就拿着璧和珪归向你们,等待你们的命令。"

(16) 复[即]命渝,安贞不失也。　　【战国《易传·象传上·讼》】

(16) 的大意为:"打官司失利后,回过头仔细反思,觉得'和为贵',还是息事宁人为好,于是改变了主意,撤回诉状,退出争端不打官司了,说明坚守正道、安分守己就没有什么损失了。"

渝(yú):动词,形声字。从水,俞声。本义为水由净变污,引申为改变。

上古汉语中,名词和动词的界限并不十分清晰,一些词既可以理解为名词,也可以理解为动词,从这个角度来说,"名动包含说"(沈家煊,2012)确有一定道理。

(16) 中的"命"也属于这种,这里我们姑且按意义暂时将其分属名词和动词两种,名词的意义为"天命",而动词的意义为"祷告""命令"。

"即"的抽象名词宾语比较典型的是职位,使用频率最高的是即位,此外还有一些表职位的名词,例如:

(17) 伻向[即]有僚,明作有功,惇大成裕,汝永有辞。

【周《尚书·周书·洛诰》】

(17) 的译文:"使他们各就其职,勉力建立功勋,重视大事,完成大业,您就会永远获得美誉。"

---

① 历代学者经过考证辨析,基本认为《今文尚书》28篇是可信的先秦文献,记述的内容上起于五帝时代的帝尧,下至于春秋时代的秦穆公,但是其创作时代不一。这些篇章多为史官所作,属于当时王室所藏的官方文献档案,主要是王、大臣和诸侯在一些重要活动中的讲话、对话记录,所谓诰、誓、命、训。其一部分出自对古史事件的追述,一部分是当时史官的笔录,还有一部分是后人的拟作。其中《虞书》部分虽然记录的时代很早,但是产生最晚,和《夏书》中的《禹贡》篇一样,是战国时期的拟作,所以其文体内容和其他篇章全然不同,且有"大一统"的思想。《甘誓》则当是史官的追记,是夏后启伐有扈的誓词,《墨子·明鬼下》认为是禹伐有苗的誓词,所以称为《禹誓》。《商书》部分基本属于追述,其中可能有部分是商代史官的作品,如《盘庚》《高宗肜日》等,也有部分是周代史官追述的作品,当然这些作品都经过后来周史官的编辑和改造,主要是为了便于时人阅读。《周书》大部分是周代史官的笔录,记述的言论和事件都比较质朴近实。将《今文尚书》看作是周时的语料应该是没有太大问题的。

(18)克[即]宅,曰三有俊,克即俊。　　　　　【周《尚书·周书·立政》】

(18)的译文:"都能就三宅的职位,选用三宅的属官,也能就其属官之位。"

5.1.2　宾语为VP

"即"的宾语可以为动词。

(19)予不敢闭于天降威用,宁王遗我大宝龟,绍天明。[即]命曰……

【周《尚书·周书·大诰》】

(19)的译文:"……用文王留给我们的大宝龟,卜问天命。我向大宝龟祷告说……"

(20)予齐百工,伻从王于周,予惟曰:"庶有事。"今王[即]命曰……

【周《尚书·周书·洛诰》】

(20)的译文:"……现在王命令道……"

命:动词,会意字。从口,从令。表示用口发布命令。本义:指派;发号。

(21)殷之[即]丧,指乃功,不无戮于尔邦!

【周《尚书·商书·西伯戡黎》】

(21)的译文:"殷商行将灭亡,要指示您的政事,不可不为您的国家努力啊!"

(22)凡我造邦,无从匪彝,无[即]慆淫,各守尔典,以承天休。

【周《尚书·商书·汤诰》】

(22)的译文:"凡我建立的诸侯,不要施行非法,不要追求安乐,要各自遵守常法,以接受上天的福禄。"

慆(tāo):动词,形声字。从心,舀(yǎo)声。本义:喜悦。

(23)不利[即]戎,利有攸往。　　　　　　　【周《周易·夬卦》】

(23)的译文:"不利出击,严密防范,有利于出行。"

戎(róng):名词,会意字。从戈,从十。"戈"是兵器,"十"是铠甲的"甲"。本义:古代兵器的总称。弓、殳、矛、戈、戟为古代五戎。戎:动词,征伐,进行武装的敌对行动。

春秋战国时期,这种"即+动词"的形式依然十分常见。

"即"后也可接复杂的动词结构:

(24)予亦念天,[即]于殷大戾,肆不正。　　【周《尚书·周书·多士》】

(24)的译文:"我也考虑到天意仅仅在于夺取殷国,于是在殷乱大定之后,便不治你们的罪了。"

"殷大戾"可视作主谓结构,类似小句。随着"即"的宾语种类不断丰富,

"即"的实词用法不断虚化。

5.1.3 西周时期"即"的用法小结

西周时期"即"的主要用法为动词,宾语类型丰富多样,可以为 NP,也可以为 VP,具体如图 5.1 所示。

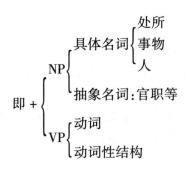

图 5.1 西周时期"即"的主要用法

5.2 春秋战国时期"即"的主要用法

春秋战国时期"即"的用法开始多样化。"即"的动词用法逐渐失去"位移"义,而且开始出现表承接、表判断、表假设等各种用法。

5.2.1 已经虚化的动词用法

这一时期"即"的很多用法虽然仍可以看作动词,但词义已经明显虚化,并失去"位移"义。宾语类型进一步丰富,在不同的语境中表达不同的意义。

1. 名词

"即"后接的宾语为抽象名词,可以表示"达到、实现、参与某事",或表示"亲近、亲附"。

先秦时期出现频率最高的是"即位"。古代的"赴死、去世"就有 3 种说法:古之王者之死曰"即命",各诸侯国的国君之死曰"即世",一般的臣子、将士之死曰"即死"。

(25)荀吴之嬖人不肯[即]卒,斩以徇。　　【春秋《左传·昭公元年》】
(25)的译文:"荀吴的宠臣不肯编入步兵,就杀了巡行示众。"
(26)擐甲执兵,固[即]死也。　　【春秋《左传·成公二年》】
(26)的译文:"身披盔甲,手执武器,本来就要赴死的啊。"

(27) 尔[即]死必于殽之嵚岩。　　　　【战国《公羊传·僖公三十三年》】

(27)的译文:"你死啊,一定是在殽之嵚岩。"

(28) 宣子辞焉,使[即]事于会,成恺悌也。

【春秋《左传·驹支不屈于晋》】

(28)的译文:"宣子表示道歉,并让他到会参与事务,以便成全自己平易近人的君子的声名。"

(29) 非我无信,女则弃之,速[即]尔刑。　　【春秋《左传·宣公十五年》】

(29)的译文:"不是我没有信用,而是你丢失了它,快去受你的刑罚吧!"

"即"表示心理上、情感上的趋近,这种意义主要用于后接国名。

(30) 秋,楚人伐郑,郑[即]齐故也。　　　　【春秋《左传·僖公元年》】

(30)的译文:"秋季,楚国人进攻郑国,这是由于郑国亲近齐国的缘故。"

(31) 十五年春,楚人伐徐,徐[即]诸夏故也。

【春秋《左传·僖公十五年》】

(31)的译文:"十五年春季,楚国人进攻徐国,由于徐国依靠中原诸侯的缘故。"

(32) 叛国[即]仇,佻也。【春秋《国语·周语·单襄公论郤至佻天之功》】

(32)的译文:"背叛了国家的利益而去亲近仇敌,这是佻。"

(33) 犹愿赦罪于穆公,穆公弗听,而[即]楚谋我。

【春秋《左传·吕相绝秦》】

(33)的译文:"我们是希望穆公宽免我们的罪过,穆公不同意,反而亲近楚国来算计我们。"

这种用法中"即"的主、宾语分别为两个国家,两个抽象主体没有办法移动,因此"即"明显失去了"位移"义,开始虚化为表"亲近、亲附"义的动词。

2. 动词

"即"后接的宾语为 VP 时,"即"类似于一个形式动词,表"进行、实行"。

(34) 既败而诛,又失有罪,不可以封国。臣是以待[即]刑,以成君政。

【春秋《国语·晋语·惠公斩庆郑》】

(34)的译文:"已经战败就要处死有罪的人,如有罪的人不能伏法,还怎么守卫国家疆土? 我因此等待就刑,以成全国君的政令。"

(35) 已此三者,然后刑可[即]也。　　　　　　　　　　【战国《荀子》】

战国时期,也有"就刑"的说法,我们认为"即刑"和"就刑"同义,"即"与"就"的用法基本相同,表示"实行、进行、承受"。例如:"君亲止,女不面夷,而罪四也:郑也就刑!"(《国语·晋语·惠公斩庆郑》)

第5章 "即"的语法化

(36) 执事不以衅鼓,使归[即]戮,君之惠也。

【春秋《左传·楚归晋知罃》】

(36)的译文:"君王的左右没有用我的血来祭鼓,而让我回国去接受诛戮,这是君王的恩惠啊。"

与"即刑""就刑"相似的"即戮"也有相近的表达——"为戮",例如:"子国怒之曰:'尔何知?国有大命,而有正卿。童子言焉,将为戮矣。'"(《左传·襄公八年》)译文为:"子国对他发怒说:'你知道什么!国家有出兵的重大命令,而且有执政的卿在那里,小孩子说这些话,将要被杀的!'""为"为动词,"即"是形式动词。

(37) 日入监九御,使洁奉禘、郊之粢盛,而后[即]安。诸侯朝修天子之业命,昼考其国职,夕省其典刑,夜儆百工,使无慆淫,而后[即]安。卿大夫朝考其职,昼讲其庶政,夕序其业,夜庀其家事,而后[即]安。士朝受业,昼而讲贯,夕而习复,夜而计过无憾,而后[即]安。

【春秋《国语·鲁语》】

(37)的译文:日落便督促九嫔女官……这以后才能安寝。诸侯在早上要办理天子交给的任务和命令……这以后才能安寝。卿大夫在早上要研究自己的本职工作……这以后才能安寝。士人在早上要接受朝廷交办的任务……这以后才能安寝。"

(38) 卫国褊小,老夫耄矣,无能为也。此二人者,实弑寡君,敢[即]图之。

【春秋《左传·隐公》】

(38)的译文:"卫国地方狭小,我老头子年纪已七十多了,不能做什么事了。这两个人,确实杀死了我国君主,请您处置他们。"

(38)有人理解为"即"后省略宾语,应为"即(此)图之","即(此)"应理解为"趁这个机会"(张丽丽,2012)。我们认为整个上古时期,"即"都没有出现"趁便"义,另外从这一时期"即+VP"的用法来看,"即图之"中的"即"就是一个加之于其他动词前的形式动词,无须解释为宾语省略。

"即"做形式动词,其宾语也可以为复杂结构:

(39) 今有大国[即]攻小国,有大家[即]伐小家,强劫弱,众暴寡,诈欺愚,贵傲贱,寇乱盗贼并兴,不可禁止也。然即当为之撞巨钟、击鸣鼓、弹琴瑟、吹竽笙而扬干戚,天下之乱也,将安可得而治与?

【战国《墨子·非乐》】

(40) 君有楚命,亦不使一介行李告于寡君,而[即]安于楚。君之所欲也,谁敢违君?

【春秋《左传·襄公》】

(40)的译文:"君王受到楚国讨伐的命令,也不派一个使者来告诉我,反而屈服于楚国。君王的愿望,谁敢反对?"

5.2.2 表"立即"义的时间副词

"即+VP","即"做形式动词时,在特定语境的作用下,"即"发展出表"立即"义的时间副词用法,其语法化路径为:动词 > 时间副词。

(41)余长魋也,今将祸余,请[**即**]救。 【春秋《左传·哀公》】

(41)的译文:"我把桓魋养育大了,现在他要加祸于我,请马上救我。"

"今将祸余"中的"今"为"现在",因此有刻不容缓之义,所以"即救"本身为"施以援手"之义,被语境赋予了"立即"义。

(42)蒲城之役,君命一宿,女[**即**]至。其后余从狄君以田渭滨,女为惠公来求杀余,命女三宿,女中宿至。虽有君命,何其速也?

【春秋《左传·寺人披见文公》】

(42)的译文:"蒲城的战役,君王命你第二天赶到,你立刻来了。后来我逃到狄国同狄国国君到渭河边打猎,你替惠公前来谋杀我,惠公命你三天后赶到,你过了第二天就到了。虽然有君王的命令,怎么那样快呢?"

"即至"本来是"到、至"之义,但有下文的"何其速","即至"就有了"立即到"的意义。

(43)穴中与适人遇,则皆围而毋逐,且战北,以须炉火之然也,[**即**]去而入瓮穴杀。 【战国《墨子·备穴》】

(43)的译文:"……等待炉火燃烧,炉火一燃,就立即离开敌人进入瓮穴。"

直到西汉时期,"即"要理解为"立即"义,仍需得到语境的强化。

(44)及中尉至,[**即**]贺王,王以故不发。 【西汉《史记》】

(45)王乃与伍被谋,先杀相、二千石;伪失火宫中,相、二千石救火,至[**即**]杀之。 【西汉《史记》】

(46)三年,魏王豹谒归视亲疾,至[**即**]绝河津,反为楚。 【西汉《史记》】

(47)今始入秦,[**即**]安其乐,此所谓"助桀为虐"。 【西汉《史记》】

由于"至,即……"、"始……即……"这样的上下文呼应,"即"可以做"立即"义理解。正是"即"后接动词性结构,使得"即"的"位移"义虚化,在语境的作用下,"即"发展出了时间副词(表"立即"义)的用法。

到魏晋时期,"即"表"立即"义的用法已经比较普遍,也可以较容易与形式动词和承接副词加以区分。

(48)帝推问之急,乃曰:"实不见有鬼,但见一白头鹅立墓上,所以不[**即**]白之,疑是鬼神变化作此相。当候其真形而定,不复移易。不知何故,敢以实上。"

【六朝《搜神记》】

(48)的译文:"景帝催问他问得急了,他才说:'实在没见到有什么鬼,只看见一只白头鹅立在坟上,我之所以不马上把它告诉你,是因为疑心这鬼怪变化成这模样来捉弄我们。但当我探测它的真正形状时,它却固定了不再有什么变动。我实在不知道这是什么缘故,只好大胆地把它如实向皇上汇报了。'"

(49)又令辨士游行,为之虚声,云能令盲者登视,躄者[即]行。

【东晋《抱朴子》】

(50)《蜀记》曰:权遣将军击羽,获羽及子平。权欲活羽以敌刘、曹,左右曰:"狼子不可养,后必为害。曹公不[即]除之,自取大患,乃议徙都。今岂可生!"乃斩之。臣松之按吴书:孙权遣将潘璋逆断羽走路,羽至[即]斩,且临沮去江陵二三百里,岂容不时杀羽,方议其生死乎?

【西晋《三国志》】

表"立即"义的"即"前与时间词连用,往往表示"时间短、快"的"主观小量"义。

(51)东阳陈叔山小男二岁得疾,下利常先啼,日以羸困。问佗,佗曰:"其母怀躯,阳气内养,乳中虚冷,儿得母寒,故令不时愈。"佗与四物女宛丸,十日[即]除。

【西晋《三国志》】

(52)彭城夫人夜之厕,虿螫其手,呻呼无赖。佗令温汤近热,渍手其中,卒可得寐,但旁人数为易汤,汤令暖之,其旦[即]愈。

【西晋《三国志》】

5.2.3 表承接

"即"在这一时期开始出现大量用于连接两个小句的承接功能。在前面的考察中,我们可以看到"即"后接小句成分,西周时期已有用例。具有承接副词功能的关键一步是"即"前的主语成分由一个小句充当。一旦出现这样的用例,"即"就可以顺理成章地发展为承接副词。可见,在"即"的宾语泛化的基础上,主语的进一步泛化使"即"由句内成分转而成为句间成分,"即"的承接副词用法就产生了,其语法化路径为:动词>承接副词。

我们认为"即"语法化为承接副词的时间为春秋时期,这时"即"常常与"则"对举出现,与"则"表承接的用法相同,另外出现了"非……即……"表选择的用法。

(53)助之视听者众,则其所闻见者远矣;助之言谈者众,则其德音之所抚循者博矣;助之思虑者众,则其谋度速得矣;助之动作者众,[即]其举事速成矣。

【战国《墨子·尚同》】

(53)的译文:"帮助他视听的人多,那么他的所见所闻就广了;帮助他言谈的人多,那么他的声音所安抚的范围就广阔了;帮助他思考的人多,那么计划很快就能实行了;帮助他动作的人多,那么他所做的事情很快就能成功了。"

(54)然则乐器反中民之利,亦若此,[即]我弗敢非也;然则当用乐器,譬之若圣王之为舟车也,[即]我弗敢非也。　　　　【战国《墨子·非乐》】

(54)的译文:"然而乐器要是也这样,反而符合民众的利益,我则不敢反对;然而当像圣王造船和车那样使用乐器,我则不敢反对。"

(55)是故退睹其友,饥[即]不食,寒[即]不衣,疾病不侍养,死丧不葬埋。
【战国《墨子·兼爱》】

首先,这里的"即"表承接,同"则",因为下文又有"是故退睹其友,饥则食之,寒则衣之,疾病侍养之,死丧葬埋之"。其次,这里的承接关系为广义承接,有时并非顺承,而是带有转折意味,相当于"也""却"。"友人饥饿也不给他饭吃,寒冷也不给他衣穿。"同样,下面的"择即取兼",也有转折的意味。

(56)此言而非兼,择[即]取兼,即此言行弗也。　　【战国《墨子·兼爱》】

(56)的译文:"在言论上反对兼,而在选择时则采用兼,这就是言行相违背。"

(57)若以越国之罪为不可赦也,将焚宗庙,系妻孥,沈金玉于江;有带甲五千人将以致死,乃必有偶,是以带甲万人事君也,无乃[即]伤君王之所爱乎?
【春秋《国语·勾践灭吴》】

(57)的译文:"如果大王您认为越王的过错不能宽容,那么我们将烧毁宗庙……岂不影响大王加爱于越国的仁慈恻隐之心了吗?"

战国时期也有大量承接副词的用例:

(58)[即]以左券予吏之问法令者,主法令之吏谨藏其右券,木柙以室藏之,封以法令之长印。即后有物故,以券书从事。　　【战国《商君书·定分》】

(58)的译文:"就要把符券的左片给询问法令的人,主管法令的官吏则小心地将右片装入木匣,藏在一个屋子中,用法令长官的印封上。如果以后当事人死了,也依照符券办事。"

(59)子不为行,[即]将疏戚无伦,贵贱无义,长幼无序。
【战国《庄子·杂篇》】

(59)的译文:"你不注意德行的修养,势必导致伦理的紊乱,亲疏不别了,贵贱不分了,长幼大小不成其体统了。"

(60)独有一丈夫,儒服而立乎公门。公[即]召而问以国事,千转万变而不穷。　　　　　　　　　　　　　　　【战国《庄子·外篇》】

(61)子列子穷,容貌有饥色。客有言之于郑子阳者,曰:"列御寇,盖有道之士也,居君之国而穷,君无乃为不好士乎?"郑子阳[即]令官遗之粟。
【战国《庄子·杂篇》】

西汉以后,"即"表示前后两事紧密相继的承接用法的用例更多了,直到

"便"兴起,逐渐取而代之。

（62）诸使道从长安来,为妄妖言,言上无男,汉不治,[即]喜;即言汉廷治,有男,王怒,以为妄言,非也。　　　　　　　　　　【西汉《史记》】

（63）"汝何求?"曰:"愿请延年益寿药。"神曰:"汝秦王之礼薄,得观而不得取。"即从臣东南至蓬莱山,见芝成宫阙,有使者铜色而龙形,光上照天。于是臣再拜问曰:"宜何资以献?"海神曰:"以令名男子若振女与百工之事,[即]得之矣。"　　　　　　　　　　　　　　　　　　　　　　　　【西汉《史记》】

（64）至淮南,淮南王闻,与太子谋召相、二千石,欲杀而发兵。召相,相至;内史以出为解。中尉曰:"臣受诏使,不得见王。"王念独杀相而内史中尉不来,无益也,[即]罢相。　　　　　　　　　　　　　　　　【西汉《史记》】

（65）太子念所坐者谋刺汉中尉,所与谋者已死,以为口绝,乃谓王曰:"群臣可用者皆前系,今无足与举事者。王以非时发,恐无功,臣愿会逮。"王亦偷欲休,[即]许太子。太子[即]自刭,不殊。　　　　　【西汉《史记》】

5.2.4　表判断

"即"在这一时期还发展出了表判断的用法,相当于现代汉语的"就是",我们认为这一用法也是直接从动词发展而来的,由"趋近某事物"发展出"一个概念域趋近另一个概念域",最终视两个概念域等同,其机制为重新分析,演化路径为:动词＞判断词。

（66）兼[即]仁矣,义矣;虽然,岂可为哉?　　　　【战国《墨子·兼爱》】

（67）然而天下之士,非兼者之言,犹未止也。曰:"[即]善矣! 虽然,岂可用哉?"　　　　　　　　　　　　　　　　　　　　　　【战国《墨子·兼爱》】

（66）（67）都可以重新分析,可以理解为动词,宾语为抽象名词。"兼达到了善,或实现了善",但"兼"和"善"分属两个概念域,这种概念上的接近导致了"接近致同一",从而实现了"动词＞判断词"的转变。

（68）此言而非兼,择即取兼,[即]此言行弗也。　【战国《墨子·兼爱》】

（68）的译文:"在言论上反对兼,而在选择时则采用兼,这就是言行相违背。"

（69）泰誓曰:"文王若日若月乍照,光于四方,于西土。"即此言文王之兼爱天下之博大也;譬之日月,兼照天下之无有私也,[即]此文王兼也。
　　　　　　　　　　　　　　　　　　　　　　　　【战国《墨子·兼爱》】

（69）的译文:"《泰誓》上说:'文王像太阳、像月亮一样照耀,光辉遍及四方,遍及西周大地。'这就是说文王兼爱天下的广大;好像太阳、月亮,兼照天下而没有偏私,这就是文王的兼爱。"

(70)《诗》曰:"我马维骆,六辔沃若,载驰载驱,周爰咨度。"又曰:"我马维骐,六辔若丝,载驰载驱,周爰咨谋。"[**即**]此语也。　　【战国《墨子·尚同》】

(70)中"即此语也"的译文:"说的就是这个意思。"

(71)夫婴儿子之知,独慕父母而已,父母不可得也,然号而不止,此其故何也?[**即**]愚之至也。　　【战国《墨子·公孟》】

(71)的译文:"……这是什么缘故呢?这是愚笨到了极点。"

进一步发展为"不是……就是",表选择关系。

(72)民死亡者,非其父兄,[**即**]其子弟。夫人愁痛,不知所庇。

【春秋《左传·襄公八年》】

(72)的译文:"百姓死去和逃亡的,不是父兄,就是子弟。人人忧愁悲痛,不知道在哪里可以得到保护。"

"即"表判断的用法一直沿用到现代。

(73)汉王曰:"吾与项羽俱北面受命怀王,曰'约为兄弟',吾翁[**即**]若翁,必欲烹而翁,则幸分我一杯羹。"　　【西汉《史记·项羽本纪》】

(74)夫人[**即**]其长女也。　　【唐《唐代墓志续编》】

(75)凡蓝五种,皆可为淀。茶蓝[**即**]菘蓝,插根活;蓼蓝、马蓝、吴蓝等皆撒子生。　　【明《天工开物》】

(76)辩证的否定[**即**]自己否定自己,自己发展自己。　　【现代】

5.2.5 表假设

春秋战国时期,"即"开始出现大量表示假设的用法,相当于"若"。下面我们通过具体用例推演其语法化的路径和机制。

(77)藉为人之国,若为其国,夫谁独举其国,以攻人之国者哉?为彼者,由为己也。为人之都,若为其都,夫谁独举其都以伐人之都者哉?为彼犹为己也。为人之家,若为其家,夫谁独举其家以乱人之家者哉?为彼犹为己也。然[**即**]国都不相攻伐,人家不相乱贼,此天下之害与?天下之利与?

【战国《墨子·兼爱》】

(77)的大意:"把别人的国家当作自己的国家,把别国的都城当作自己的都城,把别人的家当作自己的家,把别人的都视为自己的,那么国家、都城就不相互攻伐,个人、家族不相互侵扰残害,这是天下之害呢?还是天下之利呢?"

(77)中如果看前半部分"藉为人之国,若为其国……为彼犹为己也",则"即"完全可以看作是承接副词,"这样做了,就……"。但如果单看后半部分"然即国都不相攻伐,人家不相乱贼,此天下之害与?天下之利与","即"就应视为假设连词。古代汉语中并没有标点符号,所以"即"便可以有两种分析。

正是在重新分析的机制作用下,"即"由承接副词发展出了假设连词的用法。

(78)然则乐器反中民之利,亦若此,即我弗敢非也;然则当用乐器,譬之若圣王之为舟车也,即我弗敢非也。民有三患,饥者不得食,寒者不得衣,劳者不得息。三者,民之巨患也。然[即]当为之撞巨钟、击鸣鼓、弹琴瑟、吹竽笙而扬干戚,民衣食之财,将安可得乎? 即我以为未必然也。 【战国《墨子·非乐》】

(78)中"然即当为之撞巨钟、击鸣鼓、弹琴瑟、吹竽笙而扬干戚"的译文:"那么就为他们敲钟、鸣鼓、弹琴、吹竽、跳舞吧……"

(78)同样也存在重新分析的情况,而且"即"有上文的"然则乐器反中民之利""然则当用乐器"与之照应,表示"那么就""那么如果"。

但同时我们认为,"即"做假设连词的来源不只是承接副词,也可由动词直接发展而来。表假设和"即+VP"的关系极为密切,"即"做动词后接VP,表示"去做某事",表示未然。如果"即"小句之后再接续小句,"即"小句则充当后一小句的语域背景,这时"即"常常被理解为假设连词。语法化路径为:动词 > 假设连词。

(79)置窑灶,门旁为橐,充灶伏柴艾,寇[即]入,下轮而塞之,鼓橐而熏之。 【战国《墨子·备突》】

(79)的译文:"设置窑灶,门旁再安装上皮风箱,灶中堆满柴火艾叶,敌人攻进来时,就放下车轮堵塞住,点燃灶里的柴火,鼓动风箱,烟熏火烤来犯之敌。"

(80)外宅粟米、畜产、财物诸可以佐城者,送入城中,事[即]急,则使积门内。 【战国《墨子·杂守》】

(80)的译文:"外面的粮食、牲畜等所有可以帮助守城的财物,统统都送入城里,如情况紧急,就堆在城门内。"

(81)[即]有惊,举孔表,见寇,举牧表。 【战国《墨子·杂守》】

(81)的译文:"一旦有紧急情况,就举外表,看得见敌人,就举次表。"

(82)示子服惠伯,曰:"[即]欲有事,何如?"【春秋《左传·昭公十二年》】

(82)的译文:"把它给子服惠伯看,说:'如果有事情(想要起事、叛变),怎么样?'"

(83)寡人[即]不起此病,吾将焉致乎鲁国?

【战国《公羊传·庄公三十二年》】

(83)的译文:"我如果一病不起,我要把鲁国交给谁?"

(84)周宅酆、镐,近戎人。与诸侯约:为高葆祷于王路,置鼓其上,远近相闻。[即]戎寇至,传鼓相告,诸侯之兵皆至,救天子。戎寇当至,幽王击鼓,诸侯之兵皆至,褒姒大说,喜之。幽王欲褒姒之笑也,因数击鼓,诸侯之兵数至而

无寇。至于后戎寇真至,幽王击鼓,诸侯兵不至,幽王之身乃死于丽山之下,为天下笑。 【战国《吕氏春秋》】

(84)中结合下文的"戎寇当至""至于后戎寇真至"可知,"即"的作用显然是表示假设。

(85)桓公从而问之曰:"仲父家居有病,[即]不幸而不起,此病政安迁之?" 【战国《韩非子》】

(86)公仪休相鲁而嗜鱼,一国尽争买鱼而献之,公仪子不受。其弟谏曰:"夫子嗜鱼而不受者,何也?"对曰:"夫唯嗜鱼,故不受也。夫受鱼,必有下人之色;有下人之色,将枉于法;枉于法,则免于相。虽嗜鱼,此不必能自给致我鱼,我又不能自给鱼。[即]无受鱼而不免于相,虽嗜鱼,我能长自给鱼。" 【战国《韩非子》】

(87)[即]欲捭之贵周,[即]欲阖之贵密。 【战国《鬼谷子·捭阖》】

西汉时期,"即"表假设的用例依然十分常见,当时一些用例中的"即"还可以做动词理解。例如:

(88)方今上无太子,大王亲高皇帝孙,行仁义,天下莫不闻。[即]宫车一日晏驾,非大王当谁立者! 【西汉《史记》】

(89)诸使道从长安来,为妄妖言,言上无男,汉不治,即喜;[即]言汉廷治,有男,王怒,以为妄言,非也。 【西汉《史记》】

(90)王问伍被曰:"吾举兵西乡,诸侯必有应我者;[即]无应,奈何?" 【西汉《史记》】

(91)[即]四海之内皆欢然各自安乐其处,唯恐有变。虽有狡害之民,无离上之心,则不轨之臣无以饰其智,而暴乱之奸弥矣。 【西汉《史记》】

(91)的译文:"如果天下到处都欢欢喜喜安居乐业,唯恐发生变乱,那么即使有奸诈不轨的人,而民众没有背叛主上之心,图谋不轨的臣子也就无法掩饰他的奸诈,暴乱的阴谋就可以被阻止了。"

到了南北朝时期,"即"的表"假设"用法已经十分成熟了。

(92)融答曰:"[即]如所言,君之幼时,岂实慧乎!" 【西晋《三国志》】

(93)视处士状貌,既非贩饼者,加今面色变动,[即]不有重怨,则当亡命。 【西晋《三国志》】

5.2.6 介词用法

战国时期"即"已经出现介词用法。

(94)复者朝服,左执领,右执要,招而左。楔,貌如轭,上两末。缀足用燕几,校在南,御者坐持之。[即]床而奠,当腢,用吉器。若醴,若酒,无巾柶。 【战国《仪礼》】

第5章 "即"的语法化

(94)中"即"并没有"位移"义,没有明确的主语,上文中出现的"复者""御者"都不是"即床"的发出者,因而这里的"即"相当于"就着"。

(95)乃分缗钱诸官,而水衡、少府、大农、太仆各置农官,往往[即]郡县比没入田田之。　　　　　　　　　　　　　　　【西汉《史记》】

(95)的译文:"于是把缗钱分给各官府,而水衡、少府、大农、太仆还各自设置了农官,往往就地在各郡县整治没收来的土地加以耕种。""农官"应该不是"即……田田之"的动作发出者,至少不是唯一主语,因此这里的"即"理解为"就着"更为恰当。

战国时期"即"较多用于"即 + NP + VP"的连谓结构中,如"即席坐""即筵坐",但我们认为这些"即"当为动词,因为同时有大量的"即席""即筵"单独做谓语。又如"即对筵",表示"入对面的筵席"。

(96)桓公曰:"诺。"以令至鼓期于泰舟之野期军士。桓公乃[即]坛而立,宁戚、鲍叔、隰朋、易牙、宾须无皆差肩而立。　　【战国《管子》】

(96)中"即"既可以看作动词,也可以分析为介词。

我们认为"即"从动词到介词,同"就"一样,其认知机制也是基于转喻的"路径—终点"的认知图式转换。"即"做介词,宾语不仅可以是处所名词,还出现了时间名词,大致相当于"当(日/时)"①及其他名词,表示"以/就着"。

(97)己[即]是事而朝之。　　　　　　　　【战国《穀梁传·桓公二年》】

(97)的译文:"纪侯就在这个时候来朝见。"

(98)项王[即]日因留沛公与饮。　　　　　　　　　　　【西汉《史记》】

(99)于是高帝[即]日驾,西都关中。　　　　　　　　　【西汉《史记》】

(100)今欲且开小漕,观试流势,辄差乌程、武康、东迁三县近民,[即]时营作。　　　　　　　　　　　　　　　　　　　　【南朝《宋书》】

(101)[即]时春雨已降,四方大众,始就云集。　　　　【南朝《宋书》】

(102)[即]周《肆夏》②之名,备迎送之乐。　　　　　【南朝《宋书》】

(103)其种非一,称槃瓠之后,或号青氏,或号白氏,或号蚺氏,此盖虫之类而处中国,人[即]其服色而名之也。其自相号曰盎稚。　　【西晋《三国志》】

"即"做介词的使用频率远远小于"就",而且在介词用法上也没有进一步虚化。

---

① 据张玉金的《甲骨卜辞语法研究》(广东高等教育出版社,2002年,第123页),在甲骨文中出现"即日甲酒祭"是说"当甲日那天酒祭","即"相当于"当、就在",果真如此,"即"做介词的用法出现的时间要更早,只是为何这种用法在西周及东周早期的文献中几乎完全没有,倒不太好解释。

② 古乐章名。《周礼·春官·大司乐》:"王出入则令奏《王夏》,尸出入则令奏《肆夏》,牲出入则令奏《昭夏》。"

5.2.7 不太纯粹的纵予连词用法

"即"的纵予连词用法可能有两个来源:承接副词和假设连词。由于古代汉语的句读不明晰,在有些语境中承接副词用法可重新分析为纵予连词,如(104)(105);用作假设连词时,后句为转折意味的,则可以理解为纵予连词。"即"做纵予连词,使用频率较低,从战国时期有近似用例出现,一直到魏晋时期,用例寥寥无几,而且基本都是处于重新分析的状态,也难怪有学者认为古代汉语中似乎"即"没有纯粹的纵予连词用法(太田辰夫,2003)。

(104)文帝问则曰:"前破酒泉、张掖,西域通使,敦煌献径寸大珠,可复求市益得不?"则对曰:"若陛下化洽中国,德流沙漠,[**即**]不求自至;求而得之,不足贵也。"帝默然。 【西晋《三国志》】

从整句来看,"若……即|不求自至","即"与"若"相对,为承接连词;但如果分析为"即不求|自至",尤其有后面的"求而得之"相对比,使"不求"表现出极端意味,则有表"即使"的纵予义,可解读为纵予连词。这也是流水效应的一个表现。

(105)如令君器易以下议,[**即**]斗筲必能叨天业,狂夫竖臣亦自奋矣。
【南朝《后汉书》】

从"如……即|斗筲必能叨天业"来看,"即"当为承接副词;如果断为"即斗筲|必能叨天业",又有后面的"狂夫竖臣"与之映衬,则"即"可分析为纵予用法。

在与"尚""亦"等词搭配使用时,"即"的意思是"即使……也/还……",假设连词"即"就表现出了"纵予"义。例如:

(106)丁掾,好士也,[**即**]使其两目盲,尚当与女,何况但眇?
【西晋《三国志》】

(107)[**即**]治乱之刑如恐不胜,而奸尚不尽。 【战国《韩非子·难二》】

(107)的译文:"即使治理祸乱的刑罚用得唯恐不够,奸邪还是不能除尽。"

然而与"尚""亦"等词搭配使用,并不必然表"纵予",主要看前后小句的意义是否发生转折,如果语义关系为顺承,则"即"只能理解为假设连词。

(108)四海之广,唯在得贤。卿等用人,多作形迹,护避亲知,不得尽意,甚为不取。昔祁奚举子,古人以为美谈。[**即**]使卿等儿侄有才,亦须依例进奉。
【唐《通典》】

"即"在上述用法中,后面所接的总是未然的事件,因而我们将该用法称为纵予,而不是让步,但(109)是个例外。

(109)故汤以亳,文王以鄗,皆百里之地也,天下为一,诸侯为臣,通达之属,莫不从服,无它故焉,四者齐也。桀、纣[即]序于有天下之埶,索为匹夫而不可得也,是无它故焉,四者并亡也。　　【战国《荀子·王霸》】

"桀纣即序于有天下之埶"显然是已然事件。"即"通"既",因此这里我们不将"即"视为让步连词。

5.3　"即"的相关研究及我们的观点

5.3.1　太田辰夫的研究

太田辰夫(2003)在说明"即使"时提到了"即",表"即使"的"即"在古代汉语中就有,一般认为和"若"相同,表示假设。"即"表"纵予"在古代汉语中似乎没有,但在后代的文言中有这种用法,恐怕是中古或近古产生的。"即使"是"即"和使役的"使"复合而成的,在古代汉语中就有,但仍然单纯表假设,而不是表转折。"即"转为纵予使用的上限不明,或者是因为有"就使"这个词,而把它改成了像文言的"即使"。

我们基本同意太田辰夫的看法,认为"即"在古代汉语中,至少在两汉以前并没有表"纵予"的用法。

5.3.2　王克仲的研究

王克仲(1990):"被各家认为含有假设意义的'即'自是准动词,相当于现代汉语的'是'或者'就是'。词类'即'自表示对所述事实的确认,如果被确认的是未来将要发生的事实,'即'字所在的分句就带有假设的语义。这是意合法的作用,并不是'即'字本身有假设的意义。"在先秦两汉时期"即"的用例中,"即"都是表示对未来事实的确认,有"是……,将……"这样的含义,因此形成了假设的语义。

意合法对假设用法的形成具有十分重要的作用,这一点我们十分赞同(我们将其称为语境作用)。不过依据王克仲的论述,如果认定"即"为假设用法的话,其路径当为"判断动词 > 假设连词",这一点恐怕说不通。另外,王克仲认为"我欲杀单于降汉,汉远,汉即来兵近我,我即发。(《汉书·匈奴传》)"中的两个"即"用法相同,都是联结主语和谓语,根本没有必要将前者理解为假设连词,将后者理解为顺承连词,即王克仲不承认到两汉时期"即"已经完全发展出了两种虚词用法,还是试图用一种用法统摄全部。我们不同意这种看法。首先5.2.5中我们已经看到"即"在春秋战国时期已经产生了假设用法。其次

"汉即来兵近我"与"我即发"中的"即"意义并不相同,前者表假设,而后者表承接。

5.3.3 李宗江的研究

李宗江(1997)认为,从意义上说,词义演变的路径应该是由动词的表示空间上的接近演变到副词的表示时间上的接近,再到表示逻辑关系。作为时间副词,"即"表明两个动作之间相隔的时间很短,同时也包含因果意义,前一个动词短语是后一个动词短语的原因,这说明两个事件的时间关系与逻辑关系之间有相通之处。这种相通性就是"即"由表时间关系变为表逻辑关系的语义基础。从语法上说,"即"经常出现于另一个动词之前构成连谓结构,是它由动词向副词虚化的结构基础。李宗江所举表让步的例子:"公子即合符,而晋鄙不授公子兵而复请之,事必危矣。(《史记》)"

我们认为上例中的"即"应表假设,意为"如果",而不是让步用法。

5.3.4 孙锡信的研究

孙锡信(2004)认为,"即"从动词到连词有一根连续虚化的链条贯穿,这根链条可以表示为:外动词(靠近)>内动词(就是)>副词(就)>承接连词(则)>假设连词(若)>让步连词(纵然)。虚化是随着"即"的词义引申开始的,"即"的实词意义引申到一定程度便变为表示一定的语法关系,实词义变成了关系义,使"即"的语法功能发生了质的变化。"即"由外动词虚化为内动词、由内动词虚化为副词、由副词虚化为连词的几个环节,表现出"即"的实词义一步步变虚,以至湮没,而关系义,即其语法作用,则一步步增强。语法作用的增强表现在"即"的语用域越来越大:由表承接,进而表假设,又进而表让步。"即"最终能表让步关系,关键是"即"除了有承接连词的用法,还有假设连词的用法。缺少假设连词的用法,"即"的让步连词用法是不可能产生的。从我们前面的分析来看,假设连词"即"可能由承接副词发展而来。

5.3.5 张丽丽的研究

在"即"的现有研究中,以张丽丽用力最勤,其连续发表了一系列文章对"即"的时间副词用法、纵予用法都进行了详尽的探讨,其大多数观点与我们的观点不太相同。

张丽丽(2015)论述了"即"的时间副词用法的产生机制和路径,认为同"就"和"便"一样,"即"的时间副词用法的演化路径为:动词>承接副词>时间副词。承接副词"即"出现于春秋战国之际,在战国末年其用法已经相当成熟;而表"立即"义的副词"即"的形成则要到战国末年,而且在两汉时期也还相当罕见。"即"做时间副词的用例主要根据前后文意及句法表现而判定。张丽丽认为以下 a、b、c 3 例为"即"纯表"立即"义的时间副词用法。

"a. 会武帝年老长,而太子不幸薨,未有所立,而旦使来上书,请身入宿卫于长安。孝武见其书,击地,怒曰:'生子当置之齐鲁礼义之乡,乃置之燕赵,果有争心,不让之端见矣。'于是使使即斩其使者于阙下。《史记》"

从上、下文来看,a 中的"即"并不一定非要做"立即"义理解,我们认为这里"即+VP"中的"即"为形式动词。

"b. 高帝问群臣,群臣皆山东人,争言周王数百年,秦二世即亡,不如都周。《史记》"

"即"可分析为形式动词或承接副词,"秦|二世即亡"为主谓谓语句,则"即"可视为形式动词;而如果断为两个小句构成的复句"秦二世|即亡",则又可以看作承接副词。如果从前句"周王(当为'去声')数百年"来看,似乎应理解为主谓谓语句。因此,这里"即"做"立即"义解,还是来自形式动词。

"c. 充国上状曰:'……今虏亡其美地荐草,愁子寄托远遁,骨肉心离,人有畔志,而明主般师罢兵,万人留田,顺天时,因地利,以待可胜之虏,虽未即伏辜,兵决可期月而望……'上复赐报曰:'皇帝问后将军,言十二便,闻之。虏虽未伏诛,兵决可期月而望。'《汉书》"

赵充国的上书里说虏"虽未即伏辜",而皇帝回复里则说"虏虽未伏诛",表达的意思一样,可见这里的"即"为附着在主要动词之上的形式动词,意为"达到、实现"。

张丽丽认为由承接副词发展为表"立即"义的副词可以有 4 种机会:"立即性承接用法""带时间词单句用法""广义承接用法""否定后承句用法"。无论如何,从承接副词到表"立即"义的时间副词的路径,最难解决的问题是如何由一个句间成分演化为一个句内成分。对于张丽丽的解释——"承接复句紧缩而成为单句",我们并不赞同。虽然汉语史上确实有("是"的语法化是由两个小句变为一个小句)"两个小句变一个小句"的语法化过程,但"即"并非如此。"(形式)动词>表'立即'义的时间副词"的路径则是可观察到的。

张丽丽(2009)专门讨论了"即"的纵予用法,认为"即"的纵予用法出现得较晚,大概要到战国后期才能见到。一般来说,纵予句多指假想情境,但是当时此类"即"字句却大多引领事实,所以用"虽然"来解释也说得通。另外这些用例中的"即"也可能是强调副词,而非连词。以下为张丽丽(2009)的用例。

"a. 即有军役,未尝倍太山、绝清河、涉渤海也。《战国策·齐策》"

两汉时期表"纵予"的"即"字句可以引领假想情形,但其中的"即"是强调副词还是连词很难说。

"b. 今汉兵众强,今即幸胜之,后来益多,终灭国而止。《史记·东越列传》"

"c. 将在外,主令有所不受,以便国家。公子即合符,而晋鄙不授公子兵而复请之,事必危矣。《史记·魏公子列传》"

"d. 今将军初兴,未如魏其,即上以将军为丞相,必让魏其。《史记·魏其武安侯列传》"

另外,张丽丽(2009)还列举了多例纵予用法的"即"字句,但同时说这些例句也可以理解为假设关系。这里不再一一赘述。也就是说,张丽丽(2009)中并没有举出具有说服力的、完全成熟的纵予用法的"即"字句。这正好验证了我们的说法,"即"在古代汉语中并没有纯粹的纵予连词用法。至于张丽丽(2009)总结出的"强调动词>纵予连词"的演化路径,我们持不同看法。

5.4 小结

"即"在早期(西周)文献中主要做动词,但其宾语类型丰富多样,既可以是体词性的,如事物名词、处所名词、人称代词、官职名称等;也可以是谓词性的,如动词、动词短语等。这是"即"进一步虚化的前提和条件。

"即"在先秦时期已经发展为一个比较成熟的虚词,其主要用法有表承接(承接副词)、表"立即"义(时间副词)、表判断(判断动词)、表假设(假设连词)、表"(就)在"义(介词)等。"即"的语法化路径如图5.2所示。

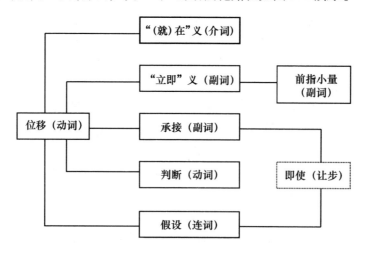

图 5.2 "即"的语法化路径

第6章 "就""便""即"语法化的比较

真实的情况是每个个体都有它自身的历史。

没有必须要发生的演变。

——霍伯尔、特拉格特《语法化学说》

然而,历史就是这样的一团混沌,历史就是无法解释得斩钉截铁,无法预测得十拿九稳。在同一时间,有多方力量互相影响、互相牵制,只要某方力量有了极小的改变,结果就会有巨大的不同。

——尤瓦尔·赫拉利《人类简史》

"即""就""便"之所以经常被一起提及,主要是因为三者有一些共同的语法功能,包括做承接副词、表"立即"义的时间副词及做让步连词("即"主要做假设连词)。如果说"即"与"就"发展出相同的语法功能是因为词源义相近,那么"便"为何也发展出了一些相同的功能呢?从词源上看,"便"与二者相去甚远,"便"的语法化结果与"即""就"有哪些区别?何以如此?"即"与"便"的语法化有没有哪些共性是"就"所没有的?"就"与"便"有没有哪些共同的语法功能是"即"所不具备的?下面我们将分4个部分进行分析:"即"与"就"的比较;"即""就"与"便"的比较;"即"与"便"的共性;"就"与"便"的共性。最后我们尝试总结汉语承接词语法化的路径和机制。

6.1 "即"与"就"的比较

从词源来看,"即"与"就"可谓同义词,《说文解字》中说:"即,就食也。""即""就"二者最初使用的语境也基本相同,比如作为位移动词,后接处所宾语,"即齐国""就国"意思一致;后接动词性宾语时也一样,如有"就刑""就戮",也有"即刑""即戮",表义基本相同。后世对先秦文献的注释中随处可见以"就"释"即"的用例。从最终发展出的功能来看,"即"与"就"都发展出了表"立即"义的时间副词、承接副词、前置连词等用法。但"即"与"就"也有很多差异,下面我们着重来分析二者的不同。

6.1.1 "即"表假设与"就"表让步

这里我们用前置连词这个提法来对假设连词和让步连词进行概括。Li 和 Thompson(1989)在论述话语篇章层面的时候提到,汉语句子的联结(linking)可分为两种:前置联结(forward linking)和后置联结(afterward linking)。由两个小句(clause)构成的复句中,前置联结指的是一个小句后面必须跟着另一个小句语义才能完满;而后置联结指的是一个小句必须依赖于前面的小句才能表达完整的语义。在一个复句中我们会看到两个小句都有各自的联结,前面的小句有前置联结,后面的小句有后置联结。在汉语中这种联结可以表现为词汇形式,比如前置联结有"如果""虽然"等;后置联结有"就""但是"等;也可以是零形式,即所谓"意合"。(Li 和 Thompson 提到的一点很重要:事实上,前一小句 C1 在某些情境下完全可以独立成句,在某些情况下又出现在 C2 前面构成复句)根据 Li 和 Thompson 的观点,显然承接词属于后置联结,我们称为后置连词;而假设连词、让步连词属于前置联结,我们称为前置连词。

尽管都是前置连词,"即"主要用作假设连词,而"就"则主要用作让步连词。

我们先来说明假设与让步的关系。

黎锦熙在《新著国语文法》(1924)中提到让步句:从句和主句立于反对的地位,但说者也承认容许从句所述事实或理由的存在,像是表示说话时的让步,所以这种从句叫作让步句,也称作认容句。让步连词分为 2 种——认容连词和推拓连词,认容连词重在表明事实上之认容,包括"虽然""尽管"等;推拓连词重在表明心理上之推拓,包括"就""便""即令"等。

吕叔湘在《中国文法要略》中说,所谓"让步","即姑且承认之意"。让步句又分为纵予句和容认句。容认句和纵予句属于同类,通常合称为让步句。纵予句表达前后违异(不合预期)比容认句更明确。纵予句的下句不大用"可是""然而"等转折关系词,但常用"也"字呼应,又常变成反诘性的问句,这是和容认句不同之处。但纵予句所假设的事实也有"容或有之"和"显属不然"之分,前者和容认句的意味就很接近,有时很不容易分别。

"即"单纯表示假设,而"就"则既表纵予,也表容认。纵予是在姑且承认假定事实的基础上的转折,因此从所引领的小句是否是事实的角度来看,假设和纵予性质相同,只是纵予的后一小句要求是对前一小句的转折,假设应该包括纵予。让步又包括纵予和容认,都是在姑且承认之上的转折,纵予是假定事实,而容认是既有事实,即假设和让步的重叠部分为纵予。我们认为"即"的主要功能是表假设,而"就"的主要功能是表让步,"即"表纵予的功能始终不太发达,从现有的研究来看,还没有发现纯粹表示纵予的用例。因此,尽管都是前置连词,"即"和"就"存在功能上的互补关系。"即"表假设主要来自动词用法,"就"表让步也主要来自动词用法,上古汉语中"纵"也是由动词发展出纵予用法的。例如:"青青子佩,悠悠我思。纵我不往,子宁不来?(《诗经·郑风》)""纵江东父兄怜而王我,我何面目见之?纵彼不言,籍独不愧于心乎?(《史记·项羽本纪》)"

6.1.2 "即""就"的介词用法

纵观汉语语法发展史,从动词发展出介词是最为常见的语法化现象,"即"与"就"也不例外。"即""就"在介词用法上存在很大差异,从使用频率来看,"就"做介词的使用频率远远高于"即"的介词用法,有此消彼长的意味。

另外从是否进一步语法化的角度来看,"即"的介词用法"到此为止",并未继续向前发展,而"就"的介词用法则形成了继动词用法之后的另一个辐射源,进而发展出了表"立即"义的时间副词、范围副词、承接副词等多种用法。

6.1.3 路径避让

在上古汉语时期,"即"主要做承接连词、假设连词,而"就"主要做让步连词和介词,二者存在一定的互补关系。也许"就"正是受到"即"做承接副词的压制,才在介词的路径上在较长时期之后才发展出承接副词的用法。在最重要的语法功能即承接副词的用法上,二者产生的时间相隔很远,"即"在先秦时期已经出现这一用法,而"就"到宋代才出现这一用法;二者的演化路径差别也很大,"即"的承接用法主要直接来自动词用法,而"就"则来自介词省略宾语的用法。表6.1为"即""就"的语法功能和演化路径表。

表6.1 "即""就"的语法功能和演化路径表

	前置连词	介词的使用频率	承接词的来源
即	假设连词	低	动词>承接词
就	让步连词	高	介词>承接词

从"即""就"的语法化历程来看,我们认为二者的演化存在路径避让现象。所谓"路径避让",是指A与B为同义词,理论上语法化路径也应相同,但事实上二者的演化路径有3种情况:第一种情况是A和B的某一条(或某几条)路径完全避开,有各自的演化路径;第二种情况是A与B可能采用了同一条语法化路径演化出相同的语法功能,但最终必有一方退出该路径的争夺,即

丧失该语法功能;第三种情况是 A 与 B 发展出了共同的语法功能,但采用的是不同的演化路径。我们把以上 3 种情况统一称为路径避让。

我们这里所说的路径避让与语法化理论中的特化(specialization)现象并不完全相同。特化理论着眼于某一条特定的语法化路径,路径的源点有若干个语言形式,路径的终点往往唯一。比如,Hopper & Traugott(2005)提到法语的否定结构的语法化。在古代法语用例中,有很多表示最小数量的名词用作状语出现在动词后面,强化否定词。比如:pas"(脚)步"、point"(圆)点"、mie"碎屑"、gote"滴"、amende"杏仁"、areste"鱼刺"、beloce"黑刺李"、eschalope"豌豆荚"等。到了 16 世纪,仍然用于否定结构的有 pas、point、mie 和 goutte。或者可以说在与否定形式共现这一功能上,这几个词比其他形式使用得更为普遍,其中尤以 pas、point 为优势用法。到了现代法语中,这两个词成了仅存的还在使用的形式,但二者的用法并不相同。总之在某种意义上可以说,pas 是从古代法语中一批强化否定结构的形式中发展出来的唯一一个完全的语法化形式。显然,处于源点的若干个形式不必在词源义上相同,只要可以归入一个较大的语义范畴即可。我们所说的路径避让则强调源点词为同义词。另外,我们关注的是语法化的源点和终点,其中的路径不止一条,这也是跟特化理论的关注点不同的地方。

汉语中也有类似于特化的现象,比如据梅祖麟(1981)的考察,中古时期完结动词"了/已/讫/毕/竟"都能进入"V(+宾)+[ ]"格式表示动作完结,到了晚唐五代,"了"在此格式里出现的频率远高于其他竞争者,进而"了"完成了"动(+宾)+了/已/讫/毕/竟>动(+宾)+了"的变化,进一步语法化为完成貌词尾。"了/已/讫/毕/竟"在词源义上应该是同义词,但其演化特点仍属于特化的范畴,与我们的路径避让并不相同。

路径避让的结果可以有两种表现:一种是 A、B 两个语言形式的语法化结果客观上呈现为两种不同的语法功能,比如"即"发展出假设连词用法,而"就"发展出让步连词用法,这一点可能与特化有相近之处,但我们强调的是"即"也完全可以发展出让步连词用法,"就"也可以发展出假设连词用法,而且历史上也确有相应的疑似用例,但由于路径避让,二者并没有在可能的路径上继续发展出成熟的用法。另一种表现更为特殊,即 A 与 B 经由不同的路径最终发展出相同的语法功能,实现殊途同归。比如"就"和"即"都发展出了承接副词的用法,只是"即"的承接副词用法是由动词直接发展而来的,"就"的承接副词用法是由表"就便"义的介词发展而来的。

路径避让是否是语法化过程中一种有规律的现象,还需要得到更多语言事实的支持和验证。

6.2 "即""就"与"便"的比较

"便"与"即""就"的最显著区别是,"便"并未发展出介词用法,原因十分明显,"即""就"本是位移动词,"路径—终点"的意象图式转换促成了动词到介词的发展,而"便"的本义并不具有位移义,因此不可能发展出介词用法。

6.3 "即"与"便"的共性

"即"有假设连词用法,"便"有纵予连词用法,我们将这两种用法统一称为前置连词用法,"即"和"便"发展出前置连词的用法有一条共同的路径:承接副词>前置连词。显然,承接副词属于后置连词。由后置连词语法化为前置连词,我们是不是可以说这是汉语特有的语法化路径呢?其他语言中有没有这样的路径?如果是汉语特有的,为什么汉语语法化会有这样的路径和机制?在汉语中,"即""便""就"都同时具有前置联结和后置联结的身份,在其他语言中是否有这样的情况?如果这是汉语中比较特别的现象,那又是为什么?要回答以上问题,我们需要考察其他语言中连词的现状及其他语言的语法化情况,这里我们主要参考 Heine 和 Kuteva 的《语法化的世界词库》(世界图书出版公司,2012)(涉及世界上大约 500 种语言)。

根据《语法化的世界词库》,我们先按照"target < source"方式查询:

让步连词的来源有 2 条路径:条件词>让步连词;时间>让步连词。前者如 if,后者如 while。

承接词(consecutive)如"于是,然后"(and then)、"那之后"(there after)等,其来源有"来"(come)、系动词(copula)、"完成"(finish)、"去"(go)。

这里让步连词和承接词的来源毫无重叠、交叉之处。

再根据"source > target"方式查询:

我们并未找到与"便"相似的 source,词库中的 Benefactive 指的是"受益格",而非汉语中的"使……便利"的意义。因此 Benefactive 发展出的与格、定语性领属、目的格等路径应该与汉语"便"的演化没有关系。

与"即""就"相近的应该是"去",根据词库,"'去'>(1)离心;(2)状态变化;(3)承接词;(4)持续体;(5)远指指示词;(6)惯常体;(7)劝告式"。

其中第三条路径,即"去>承接词"应该与"即""就"的"动词>承接词"的语法化路径一致。

综上,我们似乎可以得出结论,汉语"即""便""就"的语法化机制和路径有与其他语言语法化相同的地方,如"GO > CONSECUTIVE",也有自己的个性,比如"即"和"便"的让步连词或假设、条件连词用法可以来自承接词用法,即前置连词可以由后置连词发展而来,在迄今为止的语法化研究成果中,世界上其他语言中尚未见到同样的演化方式。这是汉语语法化较为特别之处,我们认为这与汉语流水句的特性有关。

沈家煊(2012)指出,吕叔湘在《汉语语法分析问题》里使用了流水句这个名称,吕叔湘说:"用小句而不用句子做基本单位,较能适应汉语的情况,因为汉语口语里特多流水句,一个小句接一个小句,很多地方可断可连。试比较一种旧小说的几个不同的标点本,常常有这个本子用句号那个本子用逗号或者这个本子用逗号那个本子用句号的情形。"读古书因断句不同而释读有异的情形很多。造成汉语"特多流水句"的原因就是零句占优势,零句可以组合成整句,又可以独立成句,句与句之间除了停顿和终结语调没有其他形式标志,有没有关联词不能作为判别标准,而且关联词经常不用,意义上的联系靠上、下文来推导。胡明扬等(1989)也说流水句的特点是"似断还连"和"可断可连",并且对流水句的停顿做了语音测试,证明同一段文字不同的人来念,停顿的地方和长度不一样。每一句既是引发的结果,本身又引发下一个回应,这是对话的普遍现象,是继赵元任的零句说之后会话分析(conversation analysis)的一个重要发现(Goffman,1976;Coulthard,1977)。

胡明扬认为流水句在结构上具有以下特征:至少包含2个或2个以上的独立句段;句段之间一般不靠关联词语来联结,尽管有的较长的流水句内部可以包含用关联词语来联结的关联复句。

流水句的提法用来描述汉语,尤其是古代汉语的语言面貌实在是最恰当不过了。所谓"流水",指的是汉语连续不断的特性。不过,前辈学者提到汉语的流水句侧重强调其不容易断开的特征,其实流水句的另外一个重要特征是连续、前后相继且永远处于变化,例如,"$C, C_1, C_2\cdots\cdots$",C_1是C的后句,又是C_2的前句,直至话语终结。

从前面我们的分析可以看到,在"即"与"便"的演化过程中,都有跨句重新分析而导致的语法化,这正是汉语的流水句特性造成的,我们将其命名为流水效应。不仅"即"与"便"的纵予用法的产生是流水效应促动的,汉语"是"由指示代词发展为判断词,也是流水效应的一个案例。"是"作为指示代词,经常用于"Topic,是 + comment。"的句法环境中,用来回指前面的 Topic。被回指的话题通常为单独的句子或者复杂的名词短语,即赵元任所谓的"零句"。由此可见,起初,Topic 和"是 + comment"是两个小句,正是由于流水效应,在 Topic 泛化为单纯名词的时候,"是"发展成了连接小句内部主谓成分的判断词。尽

管 Hengeveld(1992)(转引自《语法化的世界词库》)将其机制解释为重新分析——将话题结构重新分析为主谓结构,但并未指出其由流水效应促动。其实其他语言中也有类似的语法化过程,如 that 由指示代词发展为标补语标记(complementizer)。"She said that:there is no money." "She said that there is no money."致使 that"语义羡余"(江蓝生,2016),从而语法化为标补语标记。由断到连,也可以看作是一种流水效应。由此我们可以将流水效应概括为一种语法化动因,即语言中语句可断可连的流水特性,使得某词项可以重新分析,诱发出新的语法功能,其具体表现形式可以有以下 2 种:"C1,C2 > C1 + C2";"[C1,|C2,]C3 > C1,[C2,|C3]"。"是"和 that 的语法化为第一种形式,即由断到连;"即"和"便"的后置连词用法发展为前置连词用法则是第二种形式,即由连到断。由断到连在其他语言的语法化中也可以见到,但由连到断的语法化过程在其他语言中目前还没见到。虽然广义地说,流水效应仍然属于重新分析机制,但这种断、连的随意转换,尤其是由连到断,恐怕在形态语言里较难实现。

发现了这一机制,许多以前的语法化路径就可以得到纠正。

比如,李计伟(2013)认为,就汉语来看,从强调式判断或者说从语气系词演变为让步连词,是一个较为普遍的语法化路径,"即""便(是)""即便(是)""就(是)"均具有让步连词的用法。这些词语演变为让步连词的机制主要是吸收语境意义,当这些语气系词后接极端性成分 X 而又处于"语气系词 X,也 Y"句式中时,它们就向让步连词转化了。李计伟也认为"即"的让步连词用法的来源之一是强调副词或语气系词。与张丽丽(2009)的意见一致。这些学者之所以认定让步用法来自强调副词或语气系词,而事实上甚至不能解释该词是否有强调副词或语气系词的用法,主要就是因为不能解决"后置联结 > 前置联结"的演化机制。

流水效应与其他学者提到的话题链关系密切,汉语的链式话题结构也正是流水效应的表现。沈家煊(2016)认为汉语的特点是,主语和谓语都是可以独立的零句,主语就是话题,谓语就是说明,说明在充当下一个话题的时候没有任何形式的变化,一个形式既可以是前边话题的说明,又可以是后边说明的话题。因此说,汉语没有一个"话题化(topicalization)"的过程,说明本来就是话题。董秀芳(2012)发现汉语特多链式话题结构,在连续出现的话题结构中,后一个话题结构的话题与前一个话题结构的述题(说明)相同。董秀芳所举的例子:"逸则淫,淫则忘善,忘善则恶心生。"(《国语·鲁语》)这样的例子里涉及重复,这种重复是为了避免将后面的成分看作并列成分而非承接关系,在不会引发歧义的情况下很多时候无须重复,而是直接接续。例如:"我交一瞌睡

神下界,令百人尽皆昏沉,即便相随,有何不得。"(五代《敦煌变文集新书》)

正如 Bybee(1997)基于 Li、Bates、MacWhinney(1993)的观察对汉语这类分析性语言的话语规约做出的概括:汉语这类分析性语言对话语中的冗余信息容忍度极低。我们认为,Bybee(1997)对汉语的话语规约的刻画是基本可信的。事实上,汉语的这种话语规约可能由来已久,譬如先秦以来很多先哲所强调的"辞达而已""言约意丰""言不尽意""以意逆之"等原则,虽然主要是从文章学、修辞学和训诂学的角度提出的,但也从一个侧面反映出古代汉语的话语交际中存在避免冗余信息和具有多种推理选择的倾向,从而引发了流水效应。

与路径避让一样,流水效应还需得到更多语言事实的验证。

6.4 "就"与"便"的共性

在考察"就"与"便"的语法化时,我们注意到二者有一个共同的功能,即远距离的重提相关话题的功能。我们认为这是承接副词的一个扩展,一般认为承接副词只能承接紧密相连的上、下分句,但"就"与"便"还可以实现语段内跨句承接。我们认为"即"应该也有这种功能,但是目前还没有发现用例,这可能是路径避让的缘故。

6.5 小结

第一,汉语承接词的语法化路径较明显的特征为呈现为辐射状,而非链条状(《语法化的世界词库》中一个 source 对应多个 target,是将世界上大约 500 种语言综合在一起的结果)。比如:

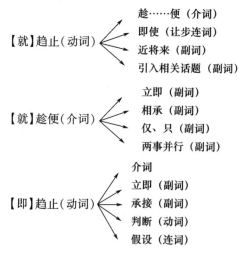

第6章 "就""便""即"语法化的比较

这可能与汉语没有严格意义上的形态变化有关,没有形态的束缚,词语的意义和功能的解读就有更多的可能。

第二,关于前指表"主观小量"。3个词都有表"立即"义的时间副词用法,也都有表"主观小量"的用法。我们认为时间副词是语法层面的,而"主观量"是语用层面的,"主观量"就是表"立即"义的时间副词在语用层面的理解,因此二者是同源的。

第三,"就"与"即"在上古为同义词,但其发展路径并不相同,出现了路径避让的现象。

第四,流水效应算得上是汉语语法化较为特殊的一个语法化动因,主要体现在"即""便"可由后置连词发展为前置连词。这应该与汉语,尤其是古汉语重意合、无句读的特点有关。

第五,汉语中的"即""便""就"有共同的语法功能:时间副词、承接副词、让步连词。"即"与"就"的语法化路径较为相似,"便"则不同。从三者的演化路径来看,时间副词和承接副词并不一定存在相承关系,多数情况下是并行关系。"就"由介词分别发展出时间副词和承接副词,"便"由"便利"义分别发展出时间副词和承接副词用法("便"的承接副词用法也可由时间副词用法发展而来),而"即"则由动词分别发展出时间副词和承接副词用法。表"立即"义的时间副词和承接副词是呈辐射状,并非链条状发展的产物,也不存在伴生关系,"即""便""就"同时兼具这两项功能,是基于自身语义各自发展而来的。正是因为如此,汉语中其他的时间副词("立刻""顿时""马上"等)并未发展出承接副词的用法。

第 7 章 "就"的共时描写和解释

本章我们将回到问题的起点——"就"的共时研究的种种分歧。首先我们需要选择一个理论框架对"就"的共时表现进行一番细致的梳理和描写,然后对共时研究中的种种分歧进行历时的解释。

7.1 以系统功能语法作为共时描写的理论框架

语法化研究有历时和共时两个视角,共时视角把语法化看作句法、话语和语用现象,是从语言使用的可变模式的角度进行研究的。一般语法化研究都侧重历时研究,当研究视角转向共时层面,我们首先面临这样一个问题:应该运用什么理论框架来对"就"的种种用法进行梳理?

在分类描写之前,我们先来看看目前对"就"的多种功能的比较有代表性的研究。首先,我们来看词典等工具书对"就"的描写,以《现代汉语八百词》(简称《八百词》)和《现代汉语词典》(简称《现汉》)为例,为了便于比较,我们将二者的条目列表(表7.1)如下。

表 7.1 《八百词》和《现汉》对"就"的描写比较

功能	《八百词》	《现汉》
不成词语素及动词		就¹:①凑近;靠近:迁~│避难~易。 ②到;开始从事:~位│~业│~寝│~学│~职。 ③被;受:~歼│~擒。 ④完成:成~│功成名~│生铁铸~的,不容易拆掉。 ⑤[动]一边儿是菜蔬、果品等,一边儿是主食或酒,两者搭着吃或喝:花生仁儿~酒。
介词	就²:[介]1.引进动作的对象或范围。~事论事。	就¹:⑥[介]趁着(当前的便利);借着(有时跟"着"连用):~便│~近│~手儿│~着灯光看书。

· 108 ·

续表 7.1

功能	《八百词》	《现汉》
介词	2. 表示从某方面论述。多与其他人相比较。~我来说,再走二十里也行,可是体弱的同志该休息一会儿了。 3. 挨近;靠近。~地取材。 4. 趁着;借着。~着这场雨,咱们赶快把苗补齐。	⑦[介]表示动作的对象或话题的范围:他们~这个问题进行了讨论｜~工作经验来说,他比别人要丰富些。
副词	就¹[副]1. 表示很短时间以内即将发生。我~去。天很快~亮了。 2. 强调在很久以前已经发生。"就"前必有时间词语或其他副词。他十五岁~参加了工作。事情早~清楚了。 3. 表示两件事紧接着发生。说完~走。再加一点~满了。一看~会。 4. 加强肯定。这儿~是我们学校。你不让干,我~要干。老赵~学过法语,你可以问他。 5. 确定范围;只。老两口~[有]一个儿子。我~要这个(不要别的)。昨天~他没来(别人都来了)。~这样,我们来到了延安。 6. 强调数量多寡。a. "就"重读,指说话人认为数量少。他~要了三张票,没多要。b. "就"轻读,前面的词语重读,指说话人认为数量多。老周~讲了两小时,别人都没时间谈了。c. 一+动+就+数量。"就"轻读,动词重读,指说话人认为数量多。一干~半天。 7. 表示承接上文,得出结论。a. 如果(只要、既然、因为、为了等)……就……。如果他去,我~不去了。b. A 就 A。表示"如果不……,就一定不……"。他不干~不干,要干就真像个干的样子。c. A 就 A[吧]。表示容忍或无所谓。丢~丢了,着急也没用。d. 承接对方的话,表示同意。运输的事~这么办吧!	就²[副]①表示在很短的时间以内:我~来｜您稍等一会儿,饭~好了。 ②表示事情发生得早或结束得早:他十五岁~参加革命了｜大风早晨~住了。 ③表示前后事情紧接着:想起来~说｜卸下了行李,我们~到车间去了。 ④表示在某种条件或情况下自然怎么样(前面常用"只要、要是、既然"等或者含有这类意思):只要用功,~能学好｜他要是不来,我~去找他｜谁愿意去,谁~去。 ⑤表示对比起来数目大、次数多、能力强等:你们两个小组一共才十个人,我们一个小组~十个人｜他三天才来一次,你一天~来三次｜这块大石头两个人抬都没抬起来,他一个人~把它背走了。 ⑥放在两个相同的成分之间,表示容忍:大点儿~大点儿吧,买下算了。 ⑦仅仅;只:以前~他一个人知道,现在大家都知道了。 ⑧表示加强肯定:我~知道他会来的,今天他果然来了｜我~不信我学不会｜那~是他的家｜幼儿园~在这个胡同里。

续表 7.1

功能	《八百词》	《现汉》
连词	就³：[连]表示假设兼让步；就是；即使。只用于前一小句主语后，动作动词或形容词前。后一小句常用"也"呼应。用于口语。你~赶到车站也来不及了。	就³：[连]表示假设的让步，跟"就是"相同：你~送来，我也不要。

注：表内序号遵照原文。

可以看出，除了由于《八百词》收录的词以虚词为主，并没有对"就"的动词用法和作为(不成词)语素的用法进行说明以外，其他用法两本工具书的说明基本相同。"就"的用法可以分为 3 类：介词(及动词)、副词和连词。

其次，我们来看目前研究对"就"的多种功能的解释。对一个多功能副词的共时表现进行解释，目前大家广泛采纳的方法是，归纳出一个或两个基本义，将其他用法视为派生义，同时阐明基本义和派生义之间的具体关系。陆丙甫(1984)将"就"的基本义归纳为限制范围，古样(1984)认为"就"的基本义有 2 个——"少"和"仅限"，等等。白梅丽(1987)的"正向""增值"说，Lai(1995)的"预期之否定"(rejected expectations)等，也是试图用语义或语用功能来解释"就"所有的用法。这些观点我们在综述部分已经介绍过，这里不再赘述。这些研究可以看作是辐射式语义说明，即由一个中心辐射出其他用法，但其他各种用法之间的关系却未予理会。

与前人研究不同的是，在共时部分我们将参照 Halliday 的系统功能语法，从功能语法的角度考察"就"的功能，并试图建立起各项用法之间的联系。之所以采用这一理论框架，一是因为"就"等多功能虚词的研究适合从功能语法入手；二是由于概念功能、人际功能和语篇功能在历时上存在演化关系。Traugott(1982)将 Halliday(1970)区分的 3 种语法功能排成了一个语法化程度由低到高的等级：概念功能＞语篇功能＞人际功能。英语 while 一词在古英语中表示"有时"，只有概念功能，在中古英语中表示"当……时候"，既有概念功能，又有语篇功能，到近代英语表示让步，就有了人际功能(沈家煊，1994)。运用功能语法的理论框架能够使语法化研究在历时和共时层面上有更好的衔接。

在现代汉语中，"就"和"也""连""再""都""还"等副词或连词有共同的特点：它们与预设、焦点、蕴含等语用概念有着极为密切的关系。这些词语的基本用法和派生用法大都建立在这些语用因素之上，并依赖这些因素来建立它们之间的联系。脱离了语境提供的信息,脱离了对语境使用者的语言心理分析,很难指望能把这些词语的用法讲清楚(陈平,2017)。近来也有学者试图将"就"的各种用法与语境、语言使用者的心理等联系起来,比如刘林(2013),她采用的理论是沈家煊(2003、2008)的"'行、知、言'三域"。沈家煊(2003)指出:"我们的概念系统中存在三个不同的概念域,即行域、知域、言域。反过来,这三个概念域之间的区别和联系在语言的许多方面都有所反映。""'行'指行为,'知'指知识、认识,'言'指言语、言说",从词义的演变来看,"行域义是最基本的,由此引申出虚化的知域义,再进一步虚化得出言域义"。我们认为"'行、知、言'三域"不是十分适合对"就"的多功能的描写。首先,我们力求共时和历时有很好的衔接,即都能够适用语法化理论,而"'行、知、言'三域"更适合词义演变的研究,二者还是有很大区别的。其次,Sweetser 主要是以举例式的研究阐明行(content)、知(epistemic modality)、言(speech acts)3 个层次的,而 Halliday 则以英语为例几乎进行了穷尽式的研究,后者对于我们的研究来说更具有可操作性,而依据前者的研究往往主观性较强,导致归类的时候随意性比较大。比如刘林(2013)依据"行、知、言三域理论"将"就"的语义分别归入不同的域,时间、数量、限制属于行域,逻辑推理和语篇作用属于知域,而语气属于言域。在表示时间的用法中,包括"说话人认为发生得早",比如"A. 他十五岁就参加工作了"。在表示数量的用法中,包括"表示比预期的数量小",如"B. 他就要了三张票,没多要"。将这些用法归入行域,我们认为有待商榷,毕竟"他十五岁就参加工作了"和"他十五岁参加工作",以及"他就要了三张票"和"他要了三张票"意义不同,不带"就"的句子毫无疑问应归属于行域范畴,但带了"就"之后仍然归入行域范畴则抹杀了"就"的语言功用。另外,刘林(2013)认为逻辑推理用法属于知域,比如"C. 因为临时有事,就在长沙逗留了两天"。按照"行、知、言三域理论","行域"演化出"知域"和"言域"的用法,这与"就"的历时演变并不相符。如此看来,至少刘林(2013)运用"行、知、言三域理论"解决"就"的问题算不得成功。我们认为 Halliday 的功能语法更适合"就"的共时描写和解释。

  Halliday 将语言功能分为概念元功能(ideational function)、人际元功能(interpersonal function)和语篇元功能(textual function)。Halliday 所说的概念元功能包括经验功能(experiential function)和逻辑功能(logical function)2 个部分。经验功能指的是语言对人们在现实世界(包括内心世界)中的各种经历的表达。换言之,就是反映客观世界和主观世界中所发生的事、所牵涉的人和物,以及与之有关的时间、地点等环境因素。逻辑功能指的则是语言对 2 个或 2 个以上的意义单位之间逻辑关系的表达。语言除了具有表达讲话者的亲身经历和内心活动的功能外,还具有表达讲话者的身份、地位、态度、动机,以及对事物的推断、判断和评价等功能,语言的这一功能称作人际元功能。语篇元功能指使语言的组成部分互相关联,即上下文、话题之间的衔接、转换,表达一方的语用意义。语篇元功能包括3个子系统:主位——述位系统(或主位结构)、已知信息——新信息系统(或信息结构)、衔接系统。

  Berry认为,每一门理论,每一个学派,都应该有明确的研究动机和目标。说得简单些,就是要弄清楚解决哪些问题、达到什么目的。转换生成语言学派分析语言时,通常都是为了解决某些有趣的语言资料所提出的有趣的问题,而系统功能语言学派恰恰相反,先画出一张张系统网络图,然后再考虑这些网络图能解决哪些问题。Berry提出,转换生成语言学派最感兴趣的是句子本身是否符合语法规则,系统功能语言学派则着重研究语篇本身是否符合语境(转引自胡壮麟等,2005)。

  现代汉语中"就"的用法纷繁复杂,各种用法之间有着千丝万缕的联系,想要将各种用法分类描写清楚殊非易事。我们在下面的分析中主要采用比较的方法来判断"就"的具体功能。具体来说,将带有"就"的句子和去掉"就"之后的句子进行比较,观察"就"的语言功能。

7.2　"就"的概念功能

  在现代汉语中,"就"主要用于表达语篇功能和人际功能,概念功能已不再是它的主要功能。"就"的概念功能主要由动词和介词用法,以及副词用法承担。"就"发挥概念功能时是句子中不可或缺的成分,去掉"就"句子不成立或意义完全不同。

  如前所述,概念功能包括经验功能和逻辑功能。Halliday主要是以英语为例讨论各种语言功能在语言中的具体表现。经验功能的表现形式有及物性和语态。及物性是一个语义系统,其作用是把人们在现实世界中的所见所闻、所作所为分成若干过程,即将经验通过语法进行范畴化,并指明与各种过程有关的参与者和环境成分。Halliday认为,人们可以通过及物性系统把人类的经验过程分成6种不同的过程:物质过程(material process);心理过程(mental process);关系过程(relational process);行为过程(behavioral process);言语过程(verbal process);存在过程(existential process)。以上过程的参与者包括动作行为的发出者、目标和存在物等,除此之外,这些过程的参与者还可能包括受益者和范围,其中范围指的是小句中具体说明某一过程涉及面的成分,它可以在下列过程中出现:物质过程、心理过程、行为过程、言语过程等。

逻辑功能指的是语言所具备的反映两个或两个以上语言单位之间逻辑语义关系的功能,分为相互依存和逻辑语义关系。任何两个不同的语言单位之间都有某种依赖关系,即相互依存,其又可分为两种:并列关系和主从关系。所谓并列关系,就是两个或两个以上语言单位同等重要。所谓主从关系,就是两个或两个以上语言单位在逻辑和语义上地位不同,其中一个单位比其他单位重要,是其他单位依附的对象,更为重要的是这个单位为支配成分,而处于从属地位的叫作依附成分。

语言单位中的逻辑语义关系多种多样,Halliday 将其分为两类:扩展和投射。所谓扩展,指的是一个词或一个小句在语义上对另一个词或另一个小句进行扩充。扩展的方式有 3 种:详述、延伸和增强。详述就是改换一个说法来表达已经表述过的语义,新的说法和原来的说法在内容上是相同的。延伸就是在原有的语义上增加新的内容。增强就是交代事件、地点、因果和条件等环境因素对小句的语义进行说明。投射指的是通过一个小句引出另一个小句的语言现象。被投射的话语可以是某人说的话,其表现为直接引语。在英语中,逻辑功能最典型的表现形式是连接词,如 and、but 和 if 等,还有在逻辑语义上起连接作用的副词,如 however、furthermore 等。

物质过程表示做某件事的过程。这个过程一般由动态动词来表示,动作者和动作的目标一般由名词或代词来表示。"就"表示动作行为。

1. 表示搭配着吃/喝

在现代汉语中"就"有动词的用法,表现为概念功能。

(1) 花生仁儿[**就**]酒。

一边是菜蔬、果品等,一边儿是主食或酒,二者搭配着吃或喝。

2. 表示动作的对象或话题的范围

"就"后接宾语,以介词短语的形式出现,作为某一过程的涉及面,可以出现在物质过程、存在过程、心理过程等经验过程中。

(2) [**就**]教育而言,首先是教育者将寓于自己主体内的文化外化为教育语言、文字形式的材料等,教育过程才能进行。

(3) 一种社会形态下的教育,无论[**就**]其思想、制度、内容、方法等方面来说,都与以往各个时代的教育有着继承的关系。

(4) [**就**]对人的身心发展的影响来说,自然环境的影响是不能忽视的。

3. 表示伴随

环境意义包括时间、空间、方式、程度、比较、伴随、因果、身份等。在英语中,环境意义虽然有时候也能由动词来表示,但是最常见的表现形式是副词和介词短语。"就"引领的介词短语也可以表明物质过程的环境成分,用来表示伴随。伴随指的是陪伴某个行为发生的事。

(5)[就]着灯光看书。

(6)[就]着这场雨,咱们赶快把苗补齐。

(7)小李[就]着医疗队进村的机会,学了不少医学基本知识。

这里的"就"有"趁着、借着"的意思。

"就"还有一种用法,和"这么""这样"连用,表明某事发生的方式和伴随过程,由于"这么""这样"的回指作用,"就这么/这样"具有了总结上文的作用,但单独看"就",其在这里表现出来的主要是概念功能,表示伴随。

(8)那时候我也就十五岁,没经过正式的表演训练,基本上只考原始反应,所以他就考我一悲一喜。考到喜的时候挺出彩的,即便现在想来都是如此。他说家里面买了个彩色电视机,你开心吗?我说很开心。他问彩色电视机怎么样?我说非常清楚!他说怎么清楚?我说,哎呀!那真是黑白分明啊!毕竟小时候知道的形容词有限,所以要描述什么叫清楚只会用个"黑白分明"。结果严老师马上反问:"慢!彩色电视机怎么黑白分明?"我说:"今天放黑白电影!"他一叫停:"就是你了!回家等通知吧,不要来考了!"我们一共考六轮,这是第三轮,[就]这样被录取了。

(9)当学生时,大家都没有钱,我记得有一次,五六个人一起喝酒,只有一个煮鸡蛋,同学们都说,这要是个咸鸡蛋就好了。谁都舍不得吃,每个人只是用筷子尖儿象征性地点一下那鸡蛋黄。[就]这样居然喝下大半瓶白酒,持续了近一个小时。

这种用法属于概念功能,也有人将这种用法认定为总结上文,即体现为语篇功能,但我们将(8)(9)中的"就"去掉后会发现,没有"就"句子立不住,可见,"就"在这里主要体现为概念功能,至于语篇功能则主要由"这么""这样"的回指作用在承担。

7.3 "就"的语篇功能

无论是概念功能还是人际功能,都要通过语言表现出来,因而必然受到语言本身某些特征的制约,如任何语言在实体层都要一个音一个音、一个词一个词地体现出来,而且在一定语境下所有的表述都不是毫不相干的。它们以这样那样的方式使语音和词语产生有意义的联系。这种有意义的表述的集合体就是语篇(text)。语篇可以是一个极为简单的表述,如在野外突然见到蛇,惊呼:"蛇!蛇!"但在多数情况下却需要若干句话,甚至更多的话才能体现说话者在一定语境中所想表达的完整意思。在这个意义上,语篇属于语义的范畴,它不是大于句子的句法单位,也不是段落。在语义层,把语言成分组织成为语篇的功能,叫作语篇功能。篇章并非句法单位,但实际的篇章研究总是研究比句子大的语言单位,包括紧缩句。徐赳赳(2010)认为:"从语言的结构来看,篇章语言学研究的对象是超句结构……中国传统语法中的复句研究,就是篇章研究的对象。具体来说,从最底层看,两个彼此有关联的小句,就进入了篇章研究的范围,大于两个小句的语言单位,如多重复句、段落,一直到整个篇章,都是篇章研究的对象。"

在 Halliday 的功能语法体系中,语篇功能主要通过 3 种方式得到体现:主位结构、信息结构和衔接。"就"的篇章功能之一是主位推进,即我们所说的承接相关话题。Halliday(1985)把衔接分为语法衔接和词汇衔接。显然,"就"属于语法衔接。吕叔湘(2002)曾提到:"比句子大的单位是段,讲语法只讲到句子为止,篇章段落的分析是作文法的范畴。事实上,句和句之间的联系,段和段之间的联系,往往也应用语法手段(主要是虚词)。"可以说吕叔湘已经指出虚词具有篇章功能。语法衔接的手段有 4 种:照应(reference)、省略(ellipsis)、替代(substitution)和连接(conjunction)。"就"属于其中的连接手段。

具体来说,现代汉语中"就"的语篇功能主要表现为衔接作用。衔接也是一个语义概念,指的是语篇中语言成分之间的语义联系,或者说是语篇中一个成分与另一个可以与之相互解释的成分之间的关系。当语篇中一个成分的含义依赖于另一个成分的解释时,二者便产生了衔接关系。在一些情况下,带有"就"的分句不能自足,一定表明还有另外的分句与之相连,这时候"就"具有语篇功能。比如,"(你)就一定能成功",一定还有前一分句,而"就(是)皇上来了",一定还有后一分句。

"就"作为衔接手段其作用大致可归纳为两个方面:时间上的相继、逻辑上的相承。

7.3.1 时间上的相继

(10) 扭头[**就**]跑。

(11) 看见你[**就**]高兴。

(12) 一听[**就**]明白。

(13) 送他上了火车,我[**就**]回来了。

(14) 这榆树在园子的西北角上,来了风,这榆树先啸;来了雨,这榆树[**就**]先冒烟了。太阳一出来,大榆树的叶子[**就**]发光了,它们闪烁得和沙滩上的蚌壳一样。

还有一种"V着V着就……"结构,尽管是"V着"的形式,事实上两事仍然可以看作前后相继的关系。例如:

(15)有些人走着走着[**就**]散了,有些梦做着做着[**就**]醒了。

可以是前事持续发生的过程中后事发生,"散了"之后可能继续"走";也可以是后事发生后前事即终止,"醒了"就不会继续做梦了。无论哪种情况,一定是前事先发生,后事随之发生,因此也属于前后相继的情况。

7.3.2 逻辑上的相承

"就"可以出现在以下一些表达逻辑关系的复句中,"就"通常出现在后一分句中。

1. 条件关系

通常以"只要……就……"的组合形式出现,表明前、后小句之间的必要条件和结果关系。"只要"可以不出现,"就"必须出现。

(16)有一种观点认为,只要学好某一门专业课,[**就**]能教好这门课。

(17)一买[**就**]一百块钱的。

(18)一讲[**就**]一大篇。 【《八百词》】

(19)爷爷吃两个[**就**]够,都是你的。 【《骆驼祥子》】

(20)就说是休息不够,睡两觉[**就**]好了。 【《永失我爱》】

2. 假设关系

(21)如果他去,我[**就**]不去了。

3. 承接关系

(22)既然他不同意,[**就**]算了。

4. 因果关系

(23)因为我太小,拿不动那锄头杆,祖父[**就**]把锄头杆拔下来,让我单拿着那个锄头的"头"来铲。

5. 目的关系

(24)为了赶时间,[**就**]少休息一会儿。

6. 选择关系

选择关系通常以"不是……就是""要么/不就……要么/不就……"的组合形式出现。

(25)不是刮风,[**就**]是下雨。

(26)"认识你真难过,自打你演出以后,我不是坏人[**就**]是坏分。"我们上海人把"钱"叫"分",他的意思是,要不[就]得出钱,要不[就]得被人说有问题。

其实以上逻辑关系并非与"就"直接相关,比如"他去,我就去"可以表达各种逻辑关系:

只要他去,我就去。

如果他去,我就去。

既然他去,我就去。

因为他去,我就去。

(为了让)他去,我就去。

这些用法中"就"本身并不表示逻辑事理关系,对此,我们认为《八百词》和《现汉》中对"就"的归纳比较合理:"表示承接上文,得出结论。""表示在某种条件或情况下自然怎么样。"

至于"A 就 A[吧]",属于"既然……就……"的一个特例,我们认为不必单列出一个用法进行说明(《八百词》和《现汉》都为此单列了条目)。比如:

(27)丢了[就]丢了,破财免灾。

其实是"既然丢了,就(认可)丢了。"

7.3.3 承接相关话题

Halliday 在《功能语法导论》中探讨语篇功能时讲到主位结构,认为主位不等同于话题(topic),话题是一种特殊的主位。韩礼德在讨论主位结构时总是在小句的层面上讨论主位和述位的切分,但是一旦进入语篇层面,我们就会发现这样做是不充分的,我们要知道的并不仅仅是每个孤立的小句包含什么主位结构,还要知道整个语篇的主位是如何一步一步向前推进的,包括话题是如何转换的。"就"具有承接相关话题的功能,其中的"相关"表现为与前面的话题形成对比,或作为前面话题的示例。

1. 对比式话题

"就"的这种用法和文言词"则"相当。

(28)呼兰河这小城里边住着我的祖父。我生的时候,祖父已经六十多岁了,我长到四五岁,祖父[就]快七十了……祖父栽花,我[就]栽花;祖父拔草,我[就]拔草。当祖父下种种小白菜的时候,我[就]跟在后边,把那下了种的土窝,用脚一个一个的溜平…… 【《呼兰河传》】

(29)我真的是问过成百上千的犯罪嫌疑人,你跟他们是截然不同的。我问过那么多的犯罪嫌疑人,他们都抱着强烈的求生的欲望。你[就]不一样,正因为此,也正因为这一点原因,我们两个人的谈话,我始终站不到主动!

(30) 主持人:你似乎对女人比对男人友善?

被采访对象:因为女人也对我友善啊!男人[就]不行,他们嫉妒我。

2. 举例式话题

举出前面提到的话题的熟知的、典型的事例。

(31)……小偷儿小摸儿还是有,这教养的孩子也不少。啊,给你举个例子,啊。[就]我们隔壁儿,啊,[就]判刑的这个,是吧,西院儿,西院儿里的几个姑娘,四个姑娘……
【北京口语语料查询系统】

(32)妈妈:小姑娘都爱干净、爱漂亮。

孩子:媛媛[就]很干净、很漂亮。

(33)主持人:你的家里人呢?比如你姐姐或其他亲戚的孩子,他们出去会不会跟人说"我舅舅是周××"?

被采访对象:我外甥女[就]碰到一件事,但被吓到了。

(34)八宿县林兴乡有518户人家,户户都在自家的庭院里种植了果树,少则几十株,多则上千株。去年全乡人均收入1 135元,其中现金收入占人均收入的60%,仅葡萄一项[就]为群众直接增收20多万元。

3. 重新提及的话题

(35)多么晴美的夏天晚上啊。在往年,这是祁老人最快乐的一段时间……祁老人必灌几壶水,把有阴凉儿的地方喷湿,好使大家有个湿润凉爽的地点吃晚饭。饭后,老人必浇一浇花,好使夜来香之类的花草放出香味,把长鼻子的蜂子招来,在花朵外颤动着翅儿,像一些会动的薄纱……他已停止了给地上喷水,一来是懒得动,二来是舍不得水……至于浇花,[就]更提不到了;老人久已没有闲心种花……
【《四世同堂》】

(35)中,前面提到"老人"必做的事情——"喷水"和"浇花",后面说停止了"喷水",再次提到"浇花"时使用了"就",重新提及前面提到的话题,这种用法的特别之处在于该话题属于再次提及,而且在语段中首次提及和再次提及中间隔着数个语句,并非处于紧密相承的前、后句中。

7.4 "就"的人际功能

语言除了具有表达讲话者的亲身经历和内心活动的功能外,还具有表达讲话者的身份、地位、态度、动机和他对事物的推断、判断、评价等功能。语言的这一功能称作人际功能。

语言的人际功能是讲话者作为干预者的意义潜势,是语言的参与功能。

通过这一功能,讲话者使自己参与到某一情景语境中,来表达他的态度和推断,并试图影响别人的态度和行为。人际功能还表示与情景有关的角色关系,包括交际角色关系,即讲话者或听话者在交际过程中扮演的角色之间的关系,如提问者与回答者、告知者与怀疑者之间的关系。

7.4.1 表示让步

让步关系属于人际功能。Traugott(1982)举了 while 表让步的例子。"Only in the eighteenth century did *while* come to indicate the concessive relation visible in: *while* I quite like that kind of tiling, I don't care for it enough to buy any. This concessive *while* combines cohesion with the speaker's attitude as to the nature of the relation between the two facts being expressed."Traugott 举的这个例子中 while 表明的是人际层面的关系,用以"建立虚拟的共享和非共享的世界(establishing imaginary shared and unshared worlds)"。"就"表让步关系,出现在前一分句中,常常以"就是""就算""就连"的形式出现,后面与"也/都"搭配。

(36)[就]算杀了我,你也不能灭绝他们。

(37)今儿,[就]是天王老子也救不了你!

7.4.2 表示时态概念,表明很短时间内即将发生

(38)他[就]来。

(39)(您稍等一会儿,)饭[就]好了。

在 Halliday 的功能语法体系中,时态和语气都属于语言的人际功能的表现。时态属于限定成分,限定成分的作用是限定命题,使其成为存在、可议论的概念。对命题进行议论必须有参考的依据。限定成分的功能就是为议论命题提供参考点,将命题与交际中的语境联系起来。

7.4.3 加强语气,表达说话人的态度

1. 加强肯定语气

"就"肯定后面的内容,常常以"就是""就(好)像/似""就因为""就为了"等形式出现。

(40)花开了,[就]像花睡醒了似的。鸟飞了,[就]像鸟上天了似的。虫子叫了,[就]像虫子在说话似的。

(41)蜂子则嗡嗡地飞着,满身绒毛,落到一朵花上,胖圆圆的[就]和一个小毛球似的不动了。

(42)他一叫停:"[就]是你了!回家等通知吧,不要来考了!"

(43)人们歌颂治理洪水的大禹,敬仰挖山不止的愚公,[**就**]因为他们的活动已成为人们自由创造力量的象征和体现。

(44)公子目夷真的耐不住了,他气愤地说:"打仗[**就**]为了打胜敌人。如果怕伤害敌人,那还不如不打。"　　　　　　　　　　【《中华上下五千年》】

(45)杨必纯清楚地记得,[**就**]在丈夫被确诊为肺癌时,她丈夫破天荒地对她说……

"就"肯定前面的内容,常常以"从来就""一直就"等形式出现。

(46)与其说他死了,不如说他从来[**就**]未存在过。

(47)最后听说他给调走了,不知道他到哪儿去,我一直[**就**]不知道。

2.表达对听话人的反对

"就"表达对听话人的反对,"就"重读,表示意志坚决,不容改变。

(48)你不让干,我[**就**]要干!　　　　　　　　　　　　　　【《八百词》】

(49)不去,不去,[**就**]不去!　　　　　　　　　　　　　　【《八百词》】

7.4.4　表达说话人的主观评价

1."X 就","就"语义前指,表"主观小量"

(1)表示在说话人看来事情发生得早或结束得早,"就"前的时间词语重读。

(50)他十五岁[**就**]参加革命了。

(51)抗战时期我们[**就**]认识了。

(52)从小[**就**]爱学习。

(2)表示在说话人看来数量小,或处于事物的初级、低等阶段,"就"前表数量的词语重读。

(53)这块大石头两个人抬都没抬起来,他一个人[**就**]把它背走了。

(54)我们认识时[**就**]已经是抗战时期了,相互了解是更晚时候的事儿了。　　　　　　　　　　　　　　　　　　　　　　　　(刘林,2013)

(55)人家学校讲师一个月[**就**]六七千。

(56)你们两个小组一共才十个人,我们一个小组[**就**]十个人。

(57)他三天才来一次,你一天[**就**]来三次。

(58)这种表演仅靠一个人一张嘴,却能在两小时内让观众平均十几秒[**就**]爆笑一次……　　　　　　　　　　　　　　　　　　【《鲁豫有约》】

2."就"表示"仅仅、只"

"就"表示"仅仅、只","就"本身重读,或"就"后的词语重读,即"就 Y",

"就"语义后指,表"主观小量"。

(59) 别看我每次讲这么长的时间,其实只有六七张大 2 号的字,整个提纲差不多[**就**]千把字上下,比方说"香烟",[**就**]两个字,但可以说很长时间。

(60) 我们绕甲板走了半天了,[**就**]谈这些蓝天和大海,还有我的身世,恐怕你找我还有别的事吧。

(61) 这孩子[**就**]喜欢邮票,不喜欢别的。

(62) 董延平一副[**就**]他清楚的样子……　　　　　【《永失我爱》】

(63) 我[**就**]笑了笑,她也多心,未免不近情理了。

【《现代汉语虚词词典》】

7.5 共时研究的主要分歧

关于"就"表主观评价的用法,是目前对"就"的共时研究的主要分歧所在。一种看法是"就"可以双指,既强调前项,又强调后项,前项为"主观小量",后项为"主观大量",如金立鑫(2014)、刘林(2013)。另一种看法是"就"只能单指,或者前指,或者后指,在(53)~(58)中"就"强调的是前项,表示"主观小量",之所以会觉得后面的数量大,是与前项对比产生的效果,如陈小荷(1994)等。显然,我们支持后一种观点。

我们认为"就"只能单指,即句中只能有一个对比焦点。顾钢(2001)认为,对比焦点是句子中承载对比重音的部分,一个句子中有两个以上对比重音在逻辑上不恰当,所以提供新信息的焦点只能出现一次。我们同意一个句子中只能有一个对比焦点,但是我们认为,一个句子中可以出现两个对比重音,一个主要重音,即对比焦点所在,一个次要重音,是突出对比焦点的重音,详见下文分析。祁峰(2012)赞同唯一焦点论,认为一个句子只有唯一的焦点在大多数情况下起到了制约句子合格性的作用,而所谓的无焦点句和多焦点并列则是特殊情况,不能因为少数特例而因噎废食。徐杰(2001)认为:"一个焦点句可以同时拥有多个焦点,但是它要突出强调的一般只有一个。"

从我们对"就"的历时考察可以清楚地看到,"就"的前指和后指关系极为密切。"就"后指是范围副词的用法,来源于"就"的介词用法,因此有限止的意味,表"主观小量";而"就"前指来自"就"的表"立即"义的时间副词用法,而表"立即"义也是由介词用法发展而来的,因此可以说"就"的前指间接来源于"就"的介词用法,因此"就"前指也表"主观小量"。"就"可以前指,也可以后指,前指还是后指主要靠语音上的重音来体现。重音在前,"就"语义前指,比如"一九四九年就入党了"。重音在后或者重音落在"就"上,"就"语义后指,比如"兜里就五块钱"/"兜里就五块钱"。有时候全句的意思要靠前、后项的对比表达,这时可以允许句子里有两个重音,一个主要重音,一个次要重音。比如,"一万块就买了一个包",主要重音在"(一个)包"上,"就"为后指,表"主观小量",意思是"这么微不足道的东西",与前面的"(一)万(块)"(次要重音)对比,整体的意思就变成了"包很贵"。"一万块就买一个包"则不存在这样的问题,主要重音在"一(万块)"上,"就"为前指,表"主观小量",意思是"便宜"。

"九点就起床了""起床就九点了"也是同样的道理。"九点就起床了","就"语义前指,表"主观小量",意思是"很早";"起床(主要重音)就九点(次要重音)了",仍然是"就"前指,表"主观小量",与"起床"构成序列的还有"洗漱""吃早饭",然后是"上学/上班/出门"等,在这个序列中"起床"表"主观小量"。在"九点"的次要重音对比下,整句的意思是"起得晚了"。

重音究竟落在前项还是后项上,是否需要次要重音,是由语境决定的。需要前、后项进行对比,则会在语音上同时出现主要重音和次要重音。

"就"表主观量的问题之所以显得十分复杂,是由于"就"的多种用法都呈现出主观量的意味。除了上面我们提到的范围副词和表"立即"义的时间副词外,还有承接副词。

比如:"这四样东西也不贵,两万银子就卖。"这其实是一个省略形式:"只要两万银子就卖。"这里的"就"应该是承接副词,但不管是表"立即"义的时间副词,还是承接副词,其前项都是"小量",承接副词承接条件句的充分条件,因此在心理上仍然表现为"小量"。因此,"就"语义前指表"主观小量"的结论并不会改变。

根据我们的历时研究,承接副词也是从"就"的介词承前省略宾语的用法演化而来的,因此同表"立即"义的时间副词同源,因此,表现出同样的主观量也就不难理解了。

由此我们可以对白梅丽(1987)[①]针对"就"的用法的归纳进行统一的解释。白梅丽(1987)针对"就"的用法从结构上分为两类:(1)处于不带从句标记的结构中;(2)处于带从句标记的结构中。(1)中"就"表示的语义关系又可以分两类:11 表示两个单位间正的关系,即"载负增多的语义值";22 表示两个单位等同。11 指的是这样的情况:"他 1950 年就到北京来了/他吃了两碗饭就不吃了。"白梅丽所说的"正的关系"或"载负增多的语义值",相当于"低于预

[①] 在以往对"就"的主观量研究中以白梅丽(1987)较为经典,我们对这篇论文的观点进行的解释具有一定的普适性。

期值"的意思,实际上就是我们所说的"就"前指表"主观小量"。事实上白梅丽提到的22的用法依然可以与11统一起来。22指的是这样的情况:"光回收废品一项,公司就给国家节约了2万元。/他从来就不抽烟。"白梅丽认为这里"就"的作用等于"同样多"。其实,从历时演变的角度看这一现象也十分容易理解,因为"就"的副词用法是由介词承前省略宾语发展而来的,"就"的前项本来是"就"做介词时的宾语,所谓的限制(小量)和等同都是介词宾语的应有之义,"只有它"相当于"就是它"。至于(2)中"就"的用法,属于我们前面所说的"就"做承接副词使用时也可以兼表主观量的情况,这里不再重复。

7.6 小结

至此,我们将"就"的各种共时功能归纳为概念功能、语篇功能、人际功能,见表7.2。

表7.2 "就"的共时功能

概念功能	语篇功能	人际功能
表示动作行为 表示范围	时间上的相继 逻辑上的相承	表示让步 表明很短时间内即将发生
表示伴随	承接相关话题	加强语气,表达说话人的态度 表达说话人的主观评价

从历时的角度来看,语篇功能和人际功能都是由概念功能虚化而来的(史金生,2011)。

Traugott(1982)早就注意到英语里多数词语的语义引申都表现为情感义的递增,因此其总结出"命题义(propositional meaning) > 篇章义(textual meaning) > 表达义(expressive meaning)"这样的语义单向演变路径。其实,从汉语"就"的演化过程来看,Traugott(1982)的公式应该加一个括号,即"命题义(propositional meaning) > (篇章义[textual meaning] >)表达义(expressive meaning)"。命题义可以经由篇章义发展出表达义,也可以不必经由篇章义而直接发展出表达义。

对于"就"在共时研究层面的热点问题及"就"表主观量的问题,我们的结论是,"就"表主观量的用法涉及"就"的多个语法功能,包括范围副词、表"立即"义的时间副词、承接副词。"就"在语义上要么前指,要么后指,同时前指和后指的实质仍然是前指。"就"后指为"就"的范围副词用法,表"主观小量"。"就"前指为表"立即"义的时间副词或承接副词用法,都表"主观小量"。根据语境,"就"前指时可能需要对比"就"的后项,对比之后呈现出来的是整句的意义,这个意义可能是一个大量。"就"的范围副词、表"立即"义的时间副词、承接副词用法都源于"就"的介词用法,因而"就"前指和后指都表"主观小量"。

第8章 结 语

目前对于"就"表主观量的问题学界依然存在分歧,现有的研究虽然进行了种种尝试,但未能得出令人信服的结论,因此我们试图从历时的角度进行解释。在对"就"进行历时考察时,我们参考了"便"和"即",因为"即""便""就"在语法功能上具有很大的一致性,在历史上呈现为替换关系。通过对这一组词的历时演化过程进行比较,我们不仅阐释了其各自演化的路径和机制,同时对其汉语语法化的个性和共性也有了一定的认识,发现了汉语较为特殊的语法化动因——流水效应,以及在语法化路径上较为特殊的表现——路径避让。最后我们从"就"的历时演化的角度对"就"的共时表现进行了统一的解释。

当然,在研究中我们也发现了一些相关的问题,其可以作为未来后续研究的内容。

8.1 "就""便""即"的语法化

在对"就""便""即"进行历时考察的过程中,我们着重考察了这3个词在语法化之前的初始语义,尽量厘清其语法化的源头。对"就""便""即"的语法化过程进行梳理之后,我们分别绘制了其语法化路径图,力求对其各项语法功能进行全面的描写,对语法化时间、路径进行构拟,并对语法化机制进行了解释。下面我们将前文的3幅图重新展示在这里,如图8.1~图8.3所示。

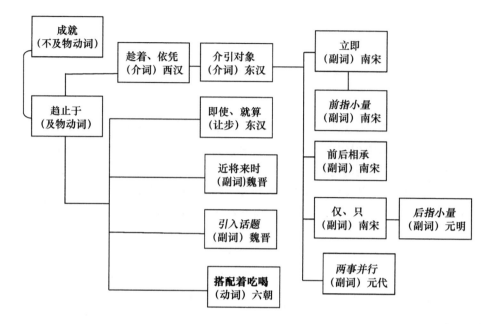

图 8.1 "就"的语法化路径(斜体为"话语功能",黑体为实词)

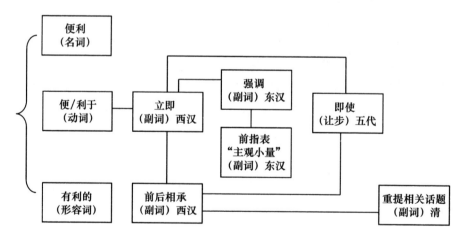

图 8.2 "便"的历时演化路径

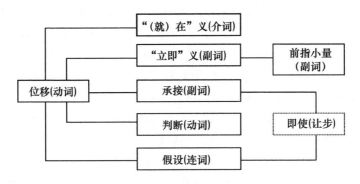

图 8.3 "即"的语法化路径

8.2 "就"的历时对共时的解释

对于"就"的共时研究,目前学界的焦点在于"就"表主观量的问题。针对这一问题,存在对立意见。对立意见主要体现在两个方面:一方面是"就"的指向问题,即"就"究竟是单指还是双指,单指是说"就"或者前指,或者后指;双指是说"就"可以同时前指和后指。另一方面是"就"表主观量的大小问题,即"就"究竟是表示"主观大量"还是"主观小量"。目前来看,对于"就"前指时表"主观小量"没有争议,存在争议的是"就"后指时是表"主观小量",还是有时表"主观小量",有时表"主观大量"。

从"就"的历时演变来看,"就"的前指和后指是同源的,其共同的来源是"就"的介词用法,因而不论前指还是后指,"就"都表"主观小量"。另外,"就"的前指和后指是两条不同的演化路径,非此即彼,不能共存。"就"的范围副词的演化路径为"就+介宾(NP)+VP>就+NP";而"就"前指是由"就"做介词其宾语承前省略发展而来的,宾语要么在前,要么在后,不可能既在前又在后。因此,不存在"就"双指的情况,"就"只能单指,或者前指或者后指。

"就"后指表主观量,是"就"的范围副词用法,而范围副词是由介词发展而来的,因此,"就"后指表"主观小量",比如"就五块钱",此时重音落在"就"的后项"五块钱"上或者落在"就"上。

"就"前指表主观量情况较为复杂,是"就"多种语法功能在语用层面上的综合呈现,包括"就"表"立即"义的时间副词用法和承接副词用法。前者如"他1958年就去北京了",后者如"(只要)两万银子就卖",都是重音在"就"的前项上,表"主观小量",有"早、少"的意义。不论是表"立即"义的时间副词用法还是承接副词用法,都是由"就"的介词用法发展而来的,因此都表"主观小量"。严格来说,"就"做承接副词算不得其表主观量的用法,只是由于"就"承接的条件句为充分条件,给人一种小量的感觉。"就"前指表"主观小量"更为复杂的地方在于,在某些语境中,"就"的后项需要作为对比项表现为次要重音,经过前项和后项的对比之后,整句的意义可能出现表大量的意味,但这并非"就"的作用,而是前、后项对比呈现出来的效果。比如"他下个月就 60 了"。实际上,这里仍然是"就"前指表"主观小量",经过对比,整个句子的意思似乎给人一种表大量的感觉。比较"我儿子明天满月"和"我儿子明天就满月(了)",很明显,"就"的作用依然是前指,表"主观小量"。

"光回收废品一项,公司就给国家节约了 2 万元""他从来就不抽烟"这类所谓"就"表示前、后项"等同"(白梅丽,1987)的例子,实际上仍然可以归入"就"语义前指的范畴,同样来源于"就"做介词其宾语承前省略的用法,介词的基本意义就是限止,因此给人一种等同的感觉。

8.3 创新之处

目前语法化研究对于语法化的动因、机制和路径似乎已经形成了一些定论,但我们通过对"就""便""即"的语法化研究发现了一些与经典语法化路径相悖的地方,我们认为用某些语法化路径解释汉语的语法化现象时应该对语法化路径进行修正。

同时我们还在汉语承接词的语法化中发现了一个较为特殊的动因——流水效应和一个有趣的路径避让现象。

8.3.1 对经典语法化路径的质疑

单向性假设是语法化理论的最强假设,去范畴化和斜坡是从不同角度对单向性假设的阐述。

去范畴化是单向性的一个重要表现。所谓"去范畴化",主要是指名词、动词和形容词范畴中的成员,在分布上,或至少在一种用法上,其原型程度由强到弱的一种趋势,这一演变趋势可以表示为这样一个范畴斜坡:主要范畴 >(中间范畴 >)次要范畴。这个图式中的主要范畴是名词和动词,次要范畴则包括前置词、连词、助动词、代词和指示代词。形容词和副词处于主要范畴和次要范畴的中间位置,可以证明的是它们各自直接来源于动词和名词。根据现有的语法化理论,如果一个实词后来发展出副词和介词用法,那么只能有两种可能,一种可能是"动词 > 介词",另一种可能是"动词 > 副词 > 介词",而不可能是"动词 > 介词 > 副词"。然而根据我们的考察,"就"的语法化路径恰恰是"动词＞介词＞副词"。

语法化理论也归纳出了话语功能的斜坡。Traugott(1982)将 Halliday(1970)区分的3种语法功能排成一个语法化程度由低到高的等级,即语言功能的斜坡:命题功能(propositional meaning)＞语篇功能(textual meaning)＞表达功能(expressive meaning)。通过我们对"就"的共时层面上各项话语功能的归纳,结合其历时演变过程,我们可以看到"就"的话语功能斜坡应为:命题功能(propositional meaning)＞(语篇功能[textual meaning]＞)表达功能(expressive meaning)。表达功能都是由命题功能发展而来的,表达功能可以经由语篇功能发展而来,也可以直接从命题功能发展而来,"就"的让步用法属于表达功能,是从"就"的动词用法直接发展而来的。

8.3.2 流水效应

在对"即"和"便"进行语法化考察时,我们发现二者有一个共同之处,即都从后置连词发展出了前置连词的用法。"便"的让步连词用法可由承接副词发展而来,"即"的纵予连词用法也可由承接副词发展而来。在分析"即""便"的语法化动因时,我们认为之所以发生这样的演变,是语言中语句可断可连的流水特性,使得某个词项可以重新分析,诱发出新的语法功能。我们称这种语法化动因为流水效应。

流水效应的具体表现形式有以下两种:两个分句合而为一个句子,即"C1,C2＞【C1＋C2】";一个分句与前一个分句相连,逐渐发展为与前一个分句断开,转而与后一个分句相连,即"【C1,C2】,C3＞C1,【C2,C3】"。"是"和"that"的语法化为第一种形式,即由断到连,汉语里的"是"和英语中的"that"由指示代词分别发展为判断动词和标补语标记;"即"和"便"的后置连词发展为前置连词则是第二种形式,即由连到断。由断到连在其他语言的语法化中也可以见到,但由连到断的语法化过程在其他语言中目前还没见到。虽然广义地来说,流水效应仍然属于重新分析机制,但这种断、连的随意转换,尤其是由连到断,恐怕在形态语言里较难实现,我们认为这是汉语较为特别的语法化动因。

汉语里之所以会出现流水效应这样的语法化动因,我们认为与汉语的流水句特性有关。流水句的概念是吕叔湘在《汉语语法分析问题》中提出来的,其基本思想是汉语应该以小句为基本单位,汉语里一个小句接一个小句,小句与小句之间可断可连。吕叔湘的观点与赵元任的"零句"理论以及后来邢福义所主张的"汉语的基本语法单位是小句"的看法是一致的。我们也非常赞同这一提法,汉语的流水句特性在古代汉语中表现得尤为突出,这也就不难理解汉语语法化中会有流水效应动因了。

8.3.3 路径避让

我们在比较"即"与"就"的语法化过程中发现了路径避让现象。"即"和"就"在上古汉语中词源义相同,从认知的角度来说,它们的语法化路径也应该相同,但二者的语法化路径其实有很大的差别,我们认为这是二者存在语法化路径避让造成的。

所谓"路径避让",是指 A 与 B 为同义词,理论上语法化路径也应相同,但事实上二者的演化路径有这样 3 种情况:第一种情况是,A 和 B 的某条(或某几条)路径完全避开,有各自的演化路径,可以称之为"另辟蹊径";第二种情况是,A 与 B 可能采用了同一条语法化路径演化出了相同的语法功能,但最终必有一方退出该路径的争夺,即丧失该语法功能,可以称之为"退出争夺";第三种情况是,A 与 B 发展出了共同的语法功能,但采用的是不同的演化路径,可以称之为"殊途同归"。我们把以上 3 种情况统一称为"路径避让"。

"就"率先发展出了让步连词用法,"即"本来也可以有同样的演化,但事实上"即"虽然也有一些近似纵予的用法,但始终没有发展出纯粹的、成熟的纵予连词用法,而是更多地做假设连词,相应地,"就"则主要做让步连词,几乎没有纯粹的假设连词用法。"即"从动词直接发展出了表"立即"义的时间副词用法和承接副词用法,"就"则避开了这条路径,在"动词 > 介词"这条路径上走得更远,最终也发展出了表"立即"义的时间副词和承接副词用法,相应地,"即"的介词用法的使用频率远远低于"就",而且也没有在介词这一用法上继续虚化(当然也并不需要在这一条路径上继续虚化,因为相应的功能已经在动词用法上发展完成了)。

我们这里所说的路径避让与语法化理论中的特化现象并不完全相同。特化理论着眼于某一条特定的语法化路径,路径的源点有若干个语言形式,路径的终点往往唯一。而我们的路径避让则强调源点词为同义词。另外,我们关注的是语法化的源点和终点,其中语法化路径不止一条,这也是跟特化理论关注点不同的地方。

汉语中的"了""已""讫""毕""竟"最初都能进入"V(+宾)+[ ]"格式表示动作完结,到了晚唐五代,只有"了"进一步语法化为完成貌词尾。虽然"了""已""讫""毕""竟"在词源义上应该是同义词,但其演化特点仍属于语法化特化的范畴,与我们的路径避让也不相同。

路径避让的结果可以有 2 种表现:一种是 A、B 2 个语言形式的语法化结果客观上呈现为 2 种不同的语法功能,比如"即"发展出假设连词用法,而"就"发展出让步连词用法,这一点可能与特化有相近之处,但我们强调的是

"即"也完全可以发展出让步连词用法,"就"也可以发展出假设连词用法,而且历史上也确有相应的近似用例,但由于路径避让,二者没有在可能的路径上继续发展出成熟的用法。另一种表现更为特殊,即 A 与 B 经由不同的路径最终发展出相同的语法功能,实现殊途同归。比如"就"和"即"都发展出了承接副词的用法,只是"即"的承接副词用法是由动词直接发展而来的,"就"的承接副词用法是由表"就便"义的介词发展而来的。

流水效应和路径避让是否是语法化过程中一种有规律的现象,还需要得到更多语言事实的支持和验证。

8.4　关于汉语语法化的研究方法

在研究过程中,我们对语法化的研究方法产生了一些自己的想法,一是关于对词源义进行考察的重要性问题,二是关于语料库方法的有效运用问题。

8.4.1　实词语义的归纳

我们认为在语法化研究中,对语法项的初始语义进行正确的归纳至关重要,很多语法项在早期的语境中就是多义词,而语法化只是在其中一个义项上展开的,唯有对初始语义进行厘清,才能正本清源,得以确定语法化的正确源头。

以"便"的初始语义为例,我们认为"便"的初始语义除了"便利"之外,还有"爱戴"的意义。"便"的语法化源头是"便利"("便利[于]""便利[的]")。《史记》"孝惠三年,举高帝时越功,曰闽君摇功多,其民便附,乃立摇为东海王,都东瓯,世俗号为东瓯王"中的"便附"应该是"爱戴、依附"的意思,那么这个例子就不可能是"便"演化为承接副词的语料(孙锡信,2005)。

8.4.2　语料库方法的利弊

语料库方法确实大大提高了语料检索的效率,但在运用语料库中的语料时,一定要适当扩大该条语料的上、下文语境,否则就容易断章取义。

蒋绍愚(2016)[1]就曾提到:"我觉得用语料库来找材料是不可避免的,如果我们都还是做卡片,那效率太低了。现在我们写文章,需要的词汇现象和句法现象都会从语料库里找,一大堆就出来了。""语料库里找材料以后,没有上

---

[1] 2016 年 12 月 3 日蒋绍愚在中国人民大学文学院举办的第三届北京青年语言学者(U50)学术交流会上的发言稿。

下文嘛,孤零零的这句话拿过来一看,就是谁杀了谁、弑了谁、戮了谁,就不会像它文章原来那么理解。如果你拿文章上下文仔细读读,这个说得非常清楚……谁被杀、被弑、被戮。""我现在说的是,查语料不能代替你读书,这是我自己亲身的体会。"

比如《三国志》中的"蜀远吴近,又闻中国伐之,便还军,不能止也",有学者认为这里的"便"是让步连词用法(张丽丽,2015b)。然而从上、下文来看,这是谋臣劝魏王不要去攻打蜀国,而应该先讨伐吴国,因为"蜀远吴近,(蜀)又闻中国伐之,(蜀)便还军,(我们)不能止也"(蜀国远,吴国近,而且蜀国听说我们去讨伐它,它立即撤退,我们阻止不了)。如果将"便"视为"即使",可能的理解无非是"蜀国即使撤退,我们也不能阻止它"或者是"我们即使撤退,也不能阻止蜀国",无论哪种理解都与上、下文意义难以契合。因此,我们认为这里的"便"依然是表"立即"义的时间副词用法,而非让步用法,这是从考察更大的上、下文语境得出的结论。

8.5 对后续研究的展望

在考察"就"的语法化的过程中,我们同时观察到"就"的另外一个(除了"即"之外)同义词"因",如果将"就"与"因"的语法化过程进行比较是否可以证实我们的路径避让,或者证伪?这可以作为我们进一步思考的问题。另外,既然流水效应是汉语中比较有特色的语法化动因,那么汉语中是否还有其他语法化是由流水效应促动的呢?我们认为"虽然"的语法化很可能是流水效应的结果。"即""便""就"是历时更替的承接词,汉语史上还有另一组承接词——"遂""乃""则","遂""乃""则"的语法化与"即""便""就"的关系是怎样的?两组承接词有什么异同?这些也是我们下一步要思考的问题。

8.5.1 路径避让与"就"和"因"

目前来看,路径避让只是我们基于"即"和"就"这一组同义词演化过程的推测,至多只能称为一个假设。对于假设,需要进一步验证。所幸,我们发现了另外一组同义词"因"和"就"。许慎的《说文解字》解释:"因,就也。从口大。"段玉裁的《说文解字注》解释:"就下曰'就高也',为高必因丘陵,为大必就基阯,故'因'从口大,就其区域而扩充之也。《中庸》曰'天之生物,必因其材而笃焉',《左传》曰'植有礼,因重固',人部曰'仍,因也'。《论语》'因不失其亲',谓所就者不失其亲。""因"表"依凭、凭借",和"就"是同义词。

(1)[**因**]高而为台,[**就**]下而为池,各[**就**]其势,不敢更为。

【西汉《淮南子》】

(2)于是天子为山东不赡,赦天下囚,[因]南方楼船卒二十余万人击南越。 【西汉《史记》】

(2)的译文:"于是天子因山以东年成不好,赦免天下囚犯的罪行,就南方楼船的士卒二十多万人一起进攻南越。"

现代汉语中还有"因陋就简"这样的成语留存。

对于"因"的语法化历程我们尚未进行详尽的考察(这正是我们下一步研究要做的),粗略来看,"因"与"就"的演化路径和各项功能确实有同有异,现简要叙述如下("就"的演化路径参看前文)。

"因"与"就"的差异表现:首先,"因"在"凭借"义上并未演化出表"立即"义的时间副词和表"仅、只"义的范围副词,当然也就无从演化出表"主观量"的功能。其次,"因"作为前置连词,引领原因小句,而"就"在历史上并未出现这一用法。"就"作为前置连词,表示让步,是从表"趋止"义的动词发展而来的,与"因"没有关系,当然"因"也就不可能具有表让步的功能。

以上两点属于路径避让的第一种情况——"另辟蹊径",即 A 和 B 的某条(或某几条)路径完全避开,有各自的演化路径

然而,"就"与"因"的语法化也有相同之处,"因"也演化出了承接副词的用法,表示承接上文,比如在《红楼梦》中这种用法的使用频率就相当高。

(3)那时天色将晚,因见袭人去了,却有两三个丫鬟伺候,此时并无呼唤之事,[因]说道:"你们且去梳洗,等我叫时再来。" 【《红楼梦》第三十四回】

(4)今因伏几凭床处默之时,[因]思及历来古人中处名攻利敌之场,犹置一些山滴水之区,远招近揖,投辖攀辕,务结二三同志盘桓于其中,或竖词坛,或开吟社,虽一时之偶兴,遂成千古之佳谈。 【《红楼梦》第三十七回】

(5)鸳鸯见这般看他,自己倒不好意思起来,心里便觉诧异,[因]笑问道…… 【《红楼梦》第四十六回】

(6)邢夫人知他害臊,[因]又说道…… 【《红楼梦》第四十六回】

我们认为"因"的发展路径应该也是由介词承前省略宾语发展而来的。这样一来,由于"因"的佐证,我们可以进一步确认"就"的其中一条语法化路径构拟的正确性,即"就"的承接副词用法是由介词承前省略宾语发展而来的。尽管"因"和"就"都在这条路径上进行虚化,而且虚化出了相同的语法功能——承接副词,但现代汉语中"因"已经不再作为承接副词使用,主要作为前置连词引领原因小句,可以视为退出了对该条路径的争夺,这属于路径避让的第二种情况——"退出争夺"。

此外可以对路径避让进行验证的还有一个现象:"就"在现代汉语中出现了类似于表"原因"的用法。

根据我们的观察,"就"在现代汉语的某些语境中可以介引原因。

(7)"哇！这么多电影你都看了?!""[就]很闲啊!"

目前这种用法还只是有一些疑似用例,而且虽然是引领原因,但是只能出现在后一小句中,即作为后置连词。我们认为这种用法应该是"就"的承接用法的进一步虚化。"因"作为前置连词引领原因小句,应该是从介词用法发展而来的。因此,果真"就"也发展出与"因"相似的引领原因小句的用法,同"即"和"就"的承接用法一样,属于不同路径演化出相同的语法功能,即"殊途同归",是为"路径避让"的第三种情况。

8.5.2 "就"与"去"

"去"与"就"在上古汉语中是一对反义词,而且经常共现。在北京大学CCL语料库中检索"去……就",共有1 683条结果,其中绝大多数都是"去"与"就"作为一组反义词共现。"去"是"离开","就"表示"趋近"。到了现代汉语中,"就"主要做虚词使用,"去"的语义也发生了很大的变化,由本来后接出发点发展到后来接目的地。关于"去"的语义演变,已经有胡敕瑞(2006)等人的研究,但尚未有人提及"去"的语义演变可能和"就"的虚化相关。词义的演变可能是多方面的因素促成的,也许"去"的语义演变与"就"的虚化并非各自独立发生的现象,有一定的内在关联,当然这需要我们进一步考察和论证。

8.5.3 "即""便""就"与"遂""乃""则"

汉语历史上最重要的承接副词除了"即""便""就",还有"遂""乃""则","遂""乃""则"的语法化路径和机制是怎样的？与"即""便""就"有什么异同？这些都有待我们进一步研究。

8.5.4 流水效应与"虽然"

流水效应也许在汉语发展过程中不止一次起过作用,我们认为很可能"虽然"的语法化也受到流水效应的促动。

比如《论衡》中的这个句子:"文挚至,视王之疾,谓太子曰:'王之疾,必可已也。虽然,王之疾已,则必杀挚也。'"

"虽然"在上古汉语中是一个独立的小句,表示"虽然(是)这样","然"为代词,代指上文出现的事物,很明显,"虽然"和前一小句关系非常密切,可视为后置连词。但是到现代汉语中,"虽然"已经成为一个前置连词,与前面的句子失去了紧密联系,而跟后面的句子连接更紧密。我们认为这里的变化是流水效应的作用,其发生的变化可以用流水效应的公式描述为"【C1,虽然】,

|C3——>(C1)【虽然C3】",后面的C1甚至可以为零形式。

刘百顺(2008)的文章并非专门论述"虽然"的语法化,但其中所批驳的2个例子恰好可以作为我们的佐证。

2个例子出现在文章的脚注中,这里引述如下:

王充《论衡·变虚》:"诸侯有当死之罪,使方伯围守其国,国君问罪於臣,臣明罪在君。虽然,可移於臣子与人民。设国君计(盼遂案:'计'或为'许'之坏字)其言,令其臣归罪於国人,方伯闻之,肯听其言,释国君之罪,更移以付国人乎?"杨伯峻《古汉语虚词》将"虽然"与下句连在一起,译作:"臣子表明罪过在于君主,虽然可以推卸到臣属和人民身上。"误。前文明确说:"子韦曰:'荧惑,天罚也,心,宋分野也,祸当君。虽然,可移於宰相。'"这里是叙述子韦的观点,"虽然"是虽然如此,后应断开,不应连读。黄晖《论衡校释》(中华书局新编诸子集成本)"虽然"后断开,是。

《宋书·五行志三》:"于是杨彪、管宁之徒,咸见荐举。此谓睹妖知惧者也。虽然,不能优容亮直,而多溺偏私矣。"《魏书·乐志》:"中间至促,虽复离朱之明,犹不能穷而分之。虽然,仲儒私曾考验,但前却中柱,使入准常尺分之内,则相生之韵已自应合。"这两例中华书局标点本都将"虽然"连下句读,实应点断,这两例不是复合连词,而是惯用词组,"虽然如此"之义。

(刘百顺,2008)

2个例子中的"虽然"分别被杨伯峻和中华书局标点本与"下句(读)"连在一起,刘百顺认为,不应该连,而应该断开,应该与上句相连,可见对于"虽然"用法的判断确实取决于是断还是连,同时也证明了古代汉语的可断可连确实是一个非常常见的现象,而这也正是存在流水效应的根本原因。

当然"虽然"的历时演变还包括一个词汇化(lexicalization)的过程,但我们认为流水效应至少是"虽然"历时演变中的一个重要促成因素。

参考文献

[1] 白梅丽. 现代汉语中"就"和"才"的语义分析[J]. 中国语文,1987(5):390-398.

[2] 贝罗贝,李明. 语义演变理论与语义演变和句法演变[M]//吴福祥,王云路. 汉语语义演变研究. 北京:商务印书馆,2015.

[3] 曹广顺. 试说"就"和"快"在宋代的使用及有关的断代问题[J]. 中国语文,1987(4):288-294.

[4] 曹广顺,遇笑容. 中古汉语语法史研究[M]. 成都:巴蜀书社,2006.

[5] 常娜. 换言连接成分"即"的研究[J]. 云南师范大学学报(对外汉语教学与研究版),2009,7(3):76-82.

[6] 陈立民. 也说"就"和"才"[J]. 当代语言学,2005(1):16-34,93.

[7] 陈平. 汉语的形式、意义与功能[M]. 北京:商务印书馆,2017.

[8] 陈小荷. 主观量问题初探:兼谈副词"就"、"才"、"都"[J]. 世界汉语教学,1994(4):18-24.

[9] 崔希亮. 汉语"连"字句的语用分析[J]. 中国语文,1993(2):117-119.

[10] 董秀芳. 词汇化:汉语双音词的衍生和发展[M]. 成都:四川民族出版社,2002.

[11] 董志翘. 汉语史研究丛稿[M]. 上海:上海古籍出版社,2013.

[12] 范立珂. 副词"就"的语义探究[D]. 上海:上海外国语大学,2007.

[13] 范立珂. 关于副词"就"义项的"分"的问题讨论[J]. 周口师范学院学报,2008(4):48-52.

[14] 范立珂. 关于副词"就"义项的"合"的问题的讨论[J]. 南阳师范学院学报,2009a,8(4):43-47.

[15] 范立珂,陈忠. "就"与"了"的隐现问题:"衔接"义和"完成"义的"一致性"[J]. 社科纵横,2009b,24(9):92-94.

[16] 封传兵. "即"的语法化[J]. 宁夏大学学报(人文社会科学版),2011,33(3):66-68.

[17] 冯军伟. 假设连词"哪怕"的词汇化及相关问题[C]//崔显军. 纪念《语法修辞讲话》发表六十周年学术论文集. 天津:南开大学出版社,2014.

[18] 葛佳才. 东汉副词系统研究[M]. 长沙:岳麓书社,2005.
[19] 谷峰. 西方语法化理论概览(上)[J]. 南开语言学刊,2008a(1):140-146,169.
[20] 谷峰. 西方语法化理论概览(下)[J]. 南开语言学刊,2008b(2):43-49,164.
[21] 古样. 也说"就"[J]. 汉语学习,1984(6):29-35.
[22] 郭锐. 语义结构和汉语虚词语义分析[J]. 世界汉语教学,2008(4):5-15,2.
[23] 郭锐. 概念空间和语义地图:语言变异和演变的限制和路径[M]//上海师范大学《对外汉语研究》编委会. 对外汉语研究(第8期). 北京:商务印书馆,2012.
[24] 郭锐. 共时语义演变和多义虚词的语义关联[J]. 山西大学学报(哲学社会科学版),2012,35(3):151-159.
[25] 何瑾. "就/才"进程—评价构式的认知修辞分析[J]. 当代修辞学,2014(3):35-40.
[26] 何自然. 语用学概论[M]. 长沙:湖南教育出版社,1988.
[27] 何自然. Grice 语用学说与关联理论[J]. 外语教学与研究,1995(4):23-27.
[28] 何自然,冉永平. 语用与认知——关联理论研究[M]. 北京:外语教学与研究出版社,2001.
[29] 胡敕瑞. "去"之"往/至"义的产生过程[J]. 中国语文,2006(6):520-530,576.
[30] 胡明扬,劲松. 流水句初探[J]. 语言教学与研究,1989(4):42-54.
[31] 胡裕树,范晓. 试论语法研究的三个平面[J]. 语言教学与研究,1993(2):4-21.
[32] 胡壮麟. 系统功能语言学概论[M]. 北京:北京大学出版社,2005.
[33] 胡壮麟. 语篇的衔接与连贯[M]. 上海:上海外语教育出版社,1994.
[34] 黄露阳. 外国留学生多义副词"就"的习得考察[J]. 语言教学与研究,2009(2):54-60.
[35] 蒋静忠,魏红华. 焦点敏感算子"才"和"就"后指的语义差异[J]. 语言研究,2010,30(4):43-50.
[36] 江蓝生. 连-介词表处所功能的来源及其非同质性[J]. 中国语文,2014(6):483-497,575.
[37] 江蓝生. 超常组合与语义羡余——汉语语法化诱因新探[J]. 中国语文,

2016(5):515-525.

[38] 蒋绍愚.论词的"相因生义"[C]//蒋绍愚.汉语词汇语法史论文集.北京:商务印书馆,2000.

[39] 蒋绍愚,曹广顺.近代汉语语法史研究综述[M].北京:商务印书馆,2005.

[40] 金立鑫.语言研究方法导论[M].上海:上海外语教育出版社,2007.

[41] 金立鑫,于秀金."就/才"句法结构与"了"的兼容性问题[J].汉语学习,2013(3):3-14.

[42] 金立鑫,杜家俊."就"与"才"主观量对比研究[J].语言科学,2014,13(2):140-153.

[43] 黎锦熙.新著国语文法[M].长沙:湖南教育出版社,2007.

[44] 李计伟.即:从位移到让步[M]//北京大学中国语言学研究中心《语言学论丛》编委会.语言学论丛(第48辑).北京:商务印书馆,2013.

[45] 李健雪,王焱.《构式化与构式演变》评介[J].现代外语,2015,38(2):287-290.

[46] 李明.从话题看唐五代的虚词"即"——兼谈唐五代虚词"便、则、遂、乃"的用法[M]//浙江大学汉语史研究中心.汉语史学报(第10辑).上海:上海教育出版社,2010.

[47] 李思明.《水浒》、《金瓶梅》、《红楼梦》副词"便"、"就"的考察[J].语言研究,1990(2):82-85.

[48] 李思明.《水浒全传》中的虚词"便"与"就"[J].安庆师院社会科学学报,1991(1):47-53,89.

[49] 李文山.焦点敏感副词与"了2"同现的语义条件[J].语言教学与研究,2011(5):104-108.

[50] 李宇明.汉语量范畴研究[M].武汉:华中师范大学出版社,2000.

[51] 李宇明.主观量的成因[J].汉语学习,1997(5):3-7.

[52] 李宗江."即、便、就"的历时关系[J].语文研究,1997(1):25-30.

[53] 李宗江.汉语常用词演变研究[M].上海:上海教育出版社,2018.

[54] 刘百顺.连词"虽然""然虽"考辨[J].语言研究,2008(1):89-93.

[55] 刘丹青.语法化中的更新、强化与叠加[J].语言研究,2001(2):71-81.

[56] 刘辰诞.边界移动与语法化[J].外国语(上海外国语大学学报),2015,38(4):37-47.

[57] 刘坚,江蓝生,白维国,等.近代汉语虚词研究[M].北京:语文出版社,1992.

[58]刘林.现代汉语焦点标记词研究——以"是"、"只"、"就"、"才"为例[D].上海:复旦大学,2013.

[59]陆丙甫.副词"就"的义项分合问题[J].汉语学习,1984(1):31-34.

[60]罗荣华.古代汉语主观量表达研究[M].北京:中国社会科学出版社,2012.

[61]吕叔湘.汉语语法分析问题[M].北京:商务印书馆,1979.

[62]吕叔湘.现代汉语八百词[M].北京:商务印书馆,1999.

[63]吕叔湘.吕叔湘全集 第一卷《中国文法要略》[M].沈阳:辽宁教育出版社,2002.

[64]吕叔湘.中国文法要略[M].北京:商务印书馆,2014.

[65]马欣华,常敬宇.谈"就"[J].语言教学与研究,1980(2):55-62.

[66]马贝加.汉语中"趁着"义介词探析[J].温州师范学院学报(哲学社会科学版),1995(4):25-29.

[67]马贝加.介词"就"的产生及其意义[J].语文研究,1997(4):33-36.

[68]马贝加.介词"就"萌生过程中的两个句法位置[J].温州师范学院学报(哲学社会科学版),1998(2):9-10.

[69]马真.修饰数量词的副词[J].语言教学与研究,1981(1):53-60.

[70]梅祖麟.现代汉语完成貌句式和词尾的来源[J].语言研究,1981(0):65-77.

[71]梅祖麟.从语言史看几本元杂剧宾白的写作时期[M]//北京大学中文系《语言学论丛》编委会.语言学论丛(第十三辑).北京:商务印书馆,1984.

[72]沈家煊."语法化"研究综观[J].外语教学与研究,1994(4):17-24,80.

[73]沈家煊.不对称和标记论[M].南昌:江西教育出版社,1999.

[74]沈家煊.语言的"主观性"和"主观化"[J].外语教学与研究,2001(4):268-275,320.

[75]沈家煊.复句三域"行、知、言"[J].中国语文,2003(3):195-204,287.

[76]沈家煊.三个世界[J].外语教学与研究,2008(6):403-408,480.

[77]沈家煊.名词和动词[M].北京:商务印书馆,2016.

[78]石毓智.语法化理论——基于汉语发展的历史[M].上海:上海外语教育出版社,2011.

[79]史金生.时间副词"就""再""才"的语义、语法分析[J].绥化师专学报,1993(3):58-62,65.

[80]史金生.现代汉语副词连用顺序和同现研究[M].北京:商务印书

馆,2011.

[81] 史锡尧.副词"才"与"都"、"就"语义的对立和配合[J].世界汉语教学,1991(1):18-22.

[82] 孙锡信."即"、"便"、"就"虚化过程中的错项移植[M]//复旦大学汉语言文字学科《语言研究集刊》编委会.语言研究集刊(第二辑).上海:上海辞书出版社,2005.

[83] 孙锡信.中古近代汉语语法研究述要[M].上海:复旦大学出版社,2014.

[84] 孙雍长.古汉语的词义渗透[M]//潘悟云,邵敬敏.二十世纪中国社会科学 语言学卷.上海:上海人民出版社,2005.

[85] 唐贤清.朱子语类副词研究[D].长沙:湖南师范大学,2003.

[86] 太田辰夫.中国语历史文法[M].蒋绍愚,徐昌华,译.北京:北京大学出版社,1987.

[87] 王克仲.意合法对假设义类词形成的作用[J].中国语文,1990(1-6):439-448.

[88] 王明洲,张谊生.浅议语法化的若干机制[J].理论月刊,2014(8):78-81.

[89] 王倩.现代汉语增量与减量构式研究[D].长春:吉林大学,2012.

[90] 王群.试论"才"和"就"语义变化的双向性和不平衡性[J].语言科学,2005(6):18-26.

[91] 王锳.近代汉语词汇语法散论[M].北京:商务印书馆,2004.

[92] 卫斓,朱俐.试谈"才、就、V 到"的语用条件及教学[J].首都师范大学学报(社会科学版),2000(S3):61-65.

[93] 吴碧宇.汉语话题链构成句子的条件研究[M].上海:上海交通大学出版社,2015.

[94] 吴福祥.语义图与语法化[J].世界汉语教学,2014,28(1):3-17.

[95] 吴福祥.汉语语义演变研究的回顾与前瞻[J].古汉语研究,2015(4):2-13,95.

[96] 吴福祥.语法化与汉语历史语法研究[M].合肥:安徽教育出版社,2006.

[97] 伍铁平.词义的感染[J].语文研究,1984(3):57-58.

[98] 香坂顺一.水浒词汇研究(虚词部分)[M].植田均,译.北京:文津出版社,1992.

[99] 解惠全.谈实词的虚化[M]//《语言研究论丛》编委会.语言研究论丛(第四辑).天津:南开大学出版社,1987.

[100] 邢志群.从"就"的语法化看汉语语义演变中的"主观化"[M]//沈家煊,吴福祥,马贝加.语法化与语法研究(二).北京:商务印书馆,2005.

[101] 许娟. 副词"就"的语法化历程及其语义研究[D]. 上海:上海师范大学,2003.

[102] 徐赳赳. 现代汉语篇章语言学[M]. 北京:商务印书馆,2010.

[103] 徐烈炯,刘丹青. 话题的结构与功能[M]. 上海:上海教育出版社,1998.

[104] 徐以中,杨亦鸣. "就"与"才"的歧义及相关语音问题研究[J]. 语言研究,2010,30(1):51-59.

[105] 杨树达. 词诠[M]. 上海:上海三联书店,2014.

[106] 杨荣祥. 近代汉语副词研究[M]. 北京:商务印书馆,2005.

[107] 杨小璐. 现代汉语"才"与"就"的母语习得[J]. 现代外语,2000(4):331-348.

[108] 岳中奇. "才"、"就"句中"了"的对立分布与体意义的表述[J]. 语文研究,2000(3):19-27.

[109] 张斌,范开泰. 现代汉语虚词研究综述[M]. 合肥:安徽教育出版社,2002.

[110] 张博. 组合同化:词义衍生的一种途径[J]. 中国语文,1999(2):129-136.

[111] 张琨. 限定性范围副词"就""才""光"的历时演变研究[D]. 北京:北京师范大学,2012.

[112] 张丽丽. 试论纵予连词"即"、"便"、"就"的形成[J]. 台大文史哲学报,2009(71):99-145.

[113] 张丽丽. 从回指到承接——试论"就"与"即"承接功能的来源[J]. 台大中文学报,2012(38):309-358.

[114] 张丽丽. "即"、"便"、"就"时间副词功能的形成[J]. 语言暨语言学,2015a(2):139-168.

[115] 张丽丽. "便"的语法化考察[J]. 台大文史哲学报,2015b(83):151-202.

[116] 张敏. 认知语言学与汉语名词短语[M]. 北京:中国社会科学出版社,1998.

[117] 张敏. "语义地图模型":原理、操作及在汉语多功能语法形式研究中的运用[M]//北京大学汉语语言学研究中心《语言学论丛》编委会. 语言学论丛(第四十二辑). 北京:商务印书馆,2010.

[118] 张鹏. 古汉语"因"的语法化[J]. 遵义师范学院学报,2007(1):34-37.

[119] 张旭. 估价副词"就"和"才"的语用过程分析[J]. 天津师大学报(社会科学版),1999(2):71-78.

[120] 张谊生. 论与汉语副词相关的虚化机制——兼论现代汉语副词的性质、

分类与范围[J].中国语文,2000(1):3-15,93.

[121] 张谊生."就是"的篇章衔接功能及其语法化历程[J].世界汉语教学,2002(3):80-90,4.

[122] 张谊生.语法化现象在不同层面中的句法表现[J].语文研究,2010(4):12-19.

[123] 张谊生.现代汉语副词研究[M].北京:商务印书馆,2014.

[124] 赵元任.汉语口语语法[M].北京:商务印书馆,1979.

[125] 周刚.现代汉语多方位研究[M].成都:巴蜀书社,2005.

[126] 周守晋."主观量"的语义信息特征与"就"、"才"的语义[J].北京大学学报(哲学社会科学版),2004(3):121-131.

[127] 朱庆之.佛典与中古汉语词汇研究[M].台湾:文津出版社,1992.

[128] 祝东平,王欣."就"字句、"才"字句表主观量"早"、"晚"与"了"的隐现[J].宁夏大学学报(人文社会科学版),2008(4):14-18.

[129] 祝敏彻.《朱子语类辑略》中的"便"与"就"[M]//祝敏彻.《朱子语类》句法研究.武汉:长江文艺出版社,1991.

[130] BIQ Y O. The semantics and pragmatics of cai and jiu in Mandarin Chinese [D]. New York:Cornell University, 1984.

[131] BYBEE J. Semantic aspects of morphological typology [M]//BYBEE J, HAIMAN J, THOMPSON S. Essays on language function and language type. Amsterdam:John Benjamins Publishing Company,1997.

[132] BYBEE J. Mechanisms of change in grammaticization: The role of frequency [M]// JOSEPH B D, JANDA R D. The handbook of historical linguistics. Oxford:Blackwell Publishing Ltd., 2003.

[133] BYBEE J. Language, usage and cognition[M]. New York:Cambridge University Press,2010.

[134] BYBEE J, PERKINS R,PAGLIUCA W. The evolution of grammar:Tense, aspect, and modality in the languages of the world[M]. Chicago:University of Chicago Press,1994.

[135] CROFT W. Explaining language change:An evolutionary approach[M]. 陈前瑞,导读.北京:世界图书出版社,2011.

[136] GOLDBERG A E. 构式:论元结构的构式语法研究[M]. 吴海波,译.北京:北京大学出版社,2007.

[137] HASPELMATH M. Coordinating constructions:An overview[M]//HASPELMATH M. Coordinating constructions. Amsterdam:John Benjamins Publishing Com-

pany,2004.

[138] HEINE B,CLAUDI U,HÜNNEMEYER F. Grammaticalization: A conceptual framework [M]. Chicago: The Universiy of Chicago Press,1991.

[139] HEINE B, KUTEVA T. World lexicon of grammaticalization [M]. Cambridge: Cambridge University Press,2002.

[140] HOLE D P. Focus and background marking in Mandarin Chinese: System and theory behind cái, jiù, dōu and yě[M]. New York: Routledge Curzon, 2004.

[141] HOPPER P J,TRAUGOTT E C. Grammaticalization[M]. Beijing: Peking University Press,2005.

[142] HOPPER P J. Emergent grammar[M]// TOMASELLO M. The new psychology of language: Cognitive and functional approaches to language structure(volume 1). Mahwah, New Jersey: Lawrence Erlbaum Associates,1998.

[143] HOPPER P J,THOMPSON S A. Transitivity in grammar and discourse[J]. Language, 1980,56(2):251-299.

[144] LAI H L. Rejected Expectations: The scalar particles cai and jiu in Mandarin Chinese[D]. Austin:The University of Texas at Austin,1995.

[145] LI C N,THOMPSON S A. Mandarin Chinese a functional reference grammar [M]. Berkeley:University of California Press,1989.

[146] SPERBER D,WILSON D. Relevance: Communication and cognition[M]. Cambridge: Harvard University Press,1986.

[147] TAYLOR J R. Linguistic categorization[M]. 3rd ed. New York:Oxford University Press,2003.

[148] TRAUGOTT E C. From propositional to textual and expressive meaning:Some semantic-pragmatic aspects of grammaticalization[M]//LEHMANN W P, MALKIEL Y. Perspectives in historical linguistics. Amsterdam: John Benjamins Publishing Company. 1982.

[149] TRAUGOTT E C. Subjectification in grammaticalization [M]//STEIN D, WRIGHT S. Subjectivity and subjectivisation. Cambridge: Cambridge University Press,1995.

[150] TRAUGOTT E C,TROUSDALE G. Constructionalization and constructional changes[M]. New York:Oxford University Press,2013.

[151] TRAUGOTT E C, DASHER R B. Regularity in semantic change[M]. Cambridge: Cambridge University Press,2005.